Michel Onfray

Der Bauch der Philosophen

Michel Onfray, geb. 1959, unterrichtet Philosophie an einer privaten technischen Schule. Er ist außerdem journalistisch und schriftstellerisch tätig.

Michel Onfray

Der Bauch
der Philosophen

Kritik der diätetischen Vernunft

Aus dem Französischen von Eva Moldenhauer

Campus Verlag · Frankfurt/New York
Editions de la Maison des Sciences
de l'Homme · Paris

Die französische Ausgabe erschien 1989 unter dem Titel
Le ventre des philosophes bei Editions Grasset & Fasquelle.
© 1989 Editions Grasset & Fasquelle.

Dieses Buch erscheint im Rahmen eines 1985 getroffenen Abkommens der
Wissenschaftsstiftung Maison des Sciences de l'Homme und dem Campus
Verlag. Das Abkommen beinhaltet die Übersetzung und gemeinsame
Publikation deutscher und französischer geistes- und sozialwissenschaftlicher
Werke, die in enger Zusammenarbeit mit Forschungseinrichtungen beider
Länder ausgewählt werden.

Cet ouvrage est publié dans le cadre d'un accord passé en 1985 entre la
Fondation de la Maison des Sciences de l'Homme et le Campus Verlag. Cet
accord comprend la traduction et la publication en commun d'ouvrages
allemands et français dans le domaine des sciences sociales et humaines.
Ils seront choisis en collaboration avec des institutions de recherche des
deux pays.

CIP-Titelaufnahme der Deutschen Bibliothek

Onfray, Michel:
Der Bauch der Philosophen: Kritik der diätetischen Vernunft /
Michel Onfray. Aus d. Franz. von Eva Moldenhauer. –
Frankfurt/Main; New York: Campus Verlag;
Paris: Ed. de la Maison des Sciences de l'Homme, 1990
Einheitssacht.: Le ventre des philosophes <dt.>
ISBN 3-593-34293-6 (Campus Verlag)
ISBN 2-7351-0366-8 (Ed. de la Maison des Sciences de l'Homme)

Umschlaggestaltung: Atelier Warminski, Büdingen
Umschlagabbildung: J. Borman, *Nature morte*, Valenciennes/Bulloz
Satz: Fotosatz Leingärtner, Nabburg/Neusath
Druck und Bindung: Druckhaus Beltz, Hemsbach
Printed in Germany

Inhalt

»Ganz anders interessiert mich eine Frage,
an der mehr das ›Heil der Menschheit‹ hängt,
als an irgendeiner Theologen-Kuriosität:
die Frage der *Ernährung*.«

Nietzsche, *Ecce Homo*

Einleitung

Versuch einer alimentären Autobiographie

Jede Küche offenbart einen Körper und gleichzeitig einen Stil, wenn nicht eine Welt: Als Kind mußte ich begreifen, was die Armut und die Monatsenden meiner Eltern bedeuteten, die Eier oder die Kartoffeln haben es mir klar gemacht. Oder das Fehlen von Fleisch. Am Tisch eines Landarbeitervaters war Fisch ein Luxus: Er war unangebracht, und seine stopfenden Eigenschaften waren gleich null. Der Provinzler verfügt lediglich über Derbes und Elementares: Kostbare, seltene oder delikate Nahrungsmittel verschwinden ohne Qual. Stärkehaltige Lebensmittel herrschen vor. Nie fehlt auf dem Tisch der herbe, bittere, fast ungenießbare Cidre. Geruch nach Essig. Im Keller modert er in Fässern, die alles mit einem hartnäckigen Eichen- oder Kastaniengeschmack verunreinigen. Die Tropfen, die fast als Faden auf den Boden aus gestampfter Erde fallen, parfümieren die dunklen, feuchten Keller. Manchmal, wenn der abgefüllte Cidre zu kräftig war, quoll er aus der Flasche und drückte im Halbdunkel die Korken heraus. Starke Gerüche tränkten die Erde, die die Erinnerung an die Flüssigkeit bewahrte. Die Zweige der Bäume bogen sich unter den Äpfeln, so daß sie bisweilen abbrachen und die Äpfel ins

*fette und zarte Gras fielen. Man fand sie mit Tau be-
deckt. Sie waren für den Kuchen oder das Kompott bestimmt. Kein Zimt. Gewürze sind die Artefakte der
Stadt. Auf Teppiche aus Fruchtpüree gelegt, bildeten
ihre Schnitze eine Rosette. Gotik im Backofen. Was die
Sahne betrifft, so krönte sie jedes Gericht: Kaninchen
oder Kabeljau, Geflügel und Früchte.*

*Als mir die Launen von Erwachsenen das Pensionat
bescherten, mußte ich mich von der gewohnten Nähe zu
den Dingen der Natur trennen. Zur Zeit des Schulbe-
ginns im Herbst konnte ich keine Brombeeren mehr kosten, in keine stibitzten Äpfel mehr beißen. Ich mußte
Abschied nehmen von den Haselnüssen und den Wald-
erdbeeren, von den Kastanien und den Sauerkirschen.
Ich verließ die Hohlwege, die Gräben und die wilden
Hecken. Ich vergaß den Geschmack des unter der Som-
mersonne gekauten Grases, der im Fluß gefischten Elrit-
zen oder der aus dem Teich geholten und in der Pfanne
gebratenen Schleien. Ich verlor die Kinder meines Alters
aus den Augen, die für eine Zigarette rohe Regenwürmer
oder für eine Handvoll ekler Süßigkeiten Fliegen aßen.*

*Im Waisenhaus lernte ich unter anderen Auspizien,
daß es keine neutrale Ernährung gibt. Der Geschmack
der Freiheit fehlte mir bitterlich. Der Speisesaal ersetzte
die Küche, und die Düfte des Hauses wurden von den
fetten und schweren Schwaden der Gemeinschaftslabors
verdrängt. Ich machte Bekanntschaft mit labbrigen, faden Gelees, mit chlorgesättigtem Wasser und mit von
den Bäckerlehrlingen der Schule verkohltem Brot. Die
Soßen stockten in den Tellern, und wir vergnügten uns
damit, sie umzustülpen, um die geronnenen Fettfäden
auf die Probe zu stellen, die sich verzweifelt an das Jenaer*

Glas klammerten. Wir mußten Tomatensuppe mit Fadennudeln löffeln, die Tellern voll frischem Blut glichen. Wir mußten halbgare, blutige Leberscheiben essen. Wir mußten kalten Erbsbrei und gummiartige Herzscheiben herunterwürgen. Um vier Uhr entrissen wir harte Brotstücke einem großen Plastikbehälter von dubiosen Farben. Der Schokoladenriegel war der einzige Luxus, auch wenn er mehr als fade war. Der Vorteil einer religiösen Anstalt ist die Messe: Als Chorknabe kann man ab sieben Uhr dreißig, zwischen der Zahnpasta und dem Milchkaffee, ein randvolles Glas Weißwein oder einige Handvoll Hostie kosten, ungeweihte, so hoffte man, um der ewigen Verdammnis zu entgehen. Manchmal füllte ich, im Kitzel der Übertretung, meine Mütze damit und schüttete sie in meine Tasse Milchkaffee. Der Anblick der Matzenblättchen, die in der lauen Flüssigkeit zerschmolzen und auf den Grund des Behälters sanken, regte die Phantasie an: Schiffsversenkungen oder Überflutungen der Welt, Ersäufung Christi, der die schlechte Eingebung hatte, die Form des Brots zu wählen. Glücklicherweise gab es die Sonntagnachmittagsausflüge – in Zweierreihen –, bei denen man auf dem Land wilde Beeren und Früchte pflücken konnte, die den Geschmack der Freiheit bewahrt hatten.

Das Pensionat war weniger karg. Ich vertauschte das Waisenhaus mit seinen vermischten Gerüchen nach kleinen Knaben und ehelosen Priestern gegen das Gymnasium in der benachbarten Kreisstadt. Dort lernte ich aromatisierte Milch mit den ungereimtesten Geschmacksrichtungen kennen, denen der Kneipenwirt amüsiert zustimmte. Ich entdeckte das Butter-Schinken-Sandwich mit Bier, das mir seither als der Inbegriff einer schnellen

Kost in Erinnerung ist. Ich aß die ersten Pfannkuchen, die ich mit dem bei meinen Bücherkäufen gesparten Geld erstand. Ich spendierte meinen ersten kleinen Freundinnen Kakao und Kuchen in der einzigen Teestube der Stadt. Ich mußte dann zwischen einem Konditorliebesmahl und geistiger Nahrung wählen: Eine Teestubenrechnung erdrosselte mich für vierzehn Tage. Des Pardoxes halber fand ich es komisch, Knut Hamsuns »Hunger« zu lesen, während ich zu Füßen der gezuckerten Schaufenster auf meine Eroberungen wartete.

Die Jugend verlangt nach Quantität und pfeift auf Qualität. Ich verschlang unzählige Puddings, die aus allen möglichen Kuchen- und vielleicht sogar Brotresten bestanden. Der starke Zuckergeschmack und die kandierten Früchte sowie eine dicke Schicht gelierten Sirups erstickten die mannigfachen, kompakt gewordenen Aromas. Dazu eine Mischung aus bretonischen Pfannkuchen in Zellophan und billiger Schokolade. Das Volumen hatte Vorrang vor jeder anderen gastronomischen Erwägung.

Die ersten nächtlichen Eskapaden des Schlafsaals waren uns Anlaß, auf der Suche nach einer offenen Kneipe durch die Straßen der kleinen Stadt zu irren. Um zehn Uhr abends, mitten im Winter, husteten wir, als wir uns an unseren ersten Schnäpsen verschluckten; der Cointreau besaß meine Gunst. Die Bar der Mutter eines meiner Zufallsgefährten wurde regelmäßig in Anspruch genommen. Sie hatte die treffliche Idee, während unserer Freizeit zu arbeiten.

Mit der Universität kam die Zeit kostenloser Räusche. Ich erinnere mich an ein Branntweinbacchanal mit einem Philosophiestudenten, der in den beiden wöchentlichen Epistemologiestunden die gleiche dumpfe Langeweile empfand wie ich. Mitten in den Weihnachtsferien auf dem Campus verloren, mit unseren jeweiligen Familien in Streit, hatten wir zu zweit eine Flasche geleert, die wir in einem Supermarkt der Stadt geklaut hatten. Die Geste war selbstverständlich politisch, denn damit erschütterten wir die Grundlagen der Konsumgesellschaft. Nachdem wir unsere Zahnputzgläser mit fünf bis sechs Stück Zucker gefüllt, das ganze mit dem Fusel aufgegossen und die Operation mehrfach wiederholt hatten, sanken wir sehr rasch in eine Bewußtlosigkeit, die mehrere Stunden dauerte – und an ein Äthylkoma grenzte . . . Das Essen in den Universitätsrestaurants war der Alltag und vergrößerte unser Elend. Sardinen, Bohneneintopf, Bananen.

Die ersten Fakultätserfolge waren Vorwand für weniger primäre, stilvollere Feste. Ich fand Geschmack am Burgunder, den ich wegen seines Dufts nach Erde oder Leder liebe, und an den elsäßischen Weinen mit ihrem erfrischenden Bukett und ihrem Geschmack nach gelben Früchten. Das Spiel der Temperaturen, Jahrgänge und Verbindungen mit bestimmten Speisen faszinierte mich. Einige seltene gute Flaschen, besonders verdienten Erfolgen vorbehalten, wurden Gegenstand kostbarer Erinnerungen. Eine Doktorarbeit mit Auszeichnung bekam erst dann ihren vollen Wert, wenn sie Anlaß für einen sehr alten Aloxe-Corton und eine außergewöhnlich gepflegte Mahlzeit war.

Mit der Zeit bin ich seßhaft geworden. Das studentische Nomadentum währte nur kurze Zeit. Die Studentenbuden wichen Zimmern voller Bücher und Schallplatten. Das direkt aus der Dose gegessene Bohnenfleisch oder Sauerkraut wurden ersetzt durch von mir selbst erfundene und gekochte Speisen. Zehn Jahre soliden Lebens waren zehn Jahre täglicher Kochkunst.

Ein befreundeter Buchhändler machte mich mit der Verbindung von Büchern und Nahrung vertraut. Als ehemaliger Koch, Ästhet und Mann von großem Geschmack verbarg er seine Vergangenheit mit ausgesuchter Schamhaftigkeit. Bevor er sich für den Bücherberuf entschieden hatte, war er in Paris Koch gewesen. Ihm verdanke ich Erinnerungen an außergewöhnliche Schokoladenkuchen und Weine sowie an Gesten unendlicher Freundschaft: Als ich Gymnasiast und abgebrannt war, hatte er mir zu wiederholten Malen ein paar Bücher geschenkt – einen Rivarol oder einen Maurras in einer schönen Ausgabe. Ebenso verriet er mir Tricks, mit denen eine bestimmte Soße niemals mißrät oder eine bestimmte heikle Operation im Backofen immer gelingt.

Ich war Philosophielehrer geworden. Die Krankheit hatte meinen Freund schnell dahingerafft, zu schnell. Er ist für mich die innige Mischung aus einer etwas schroffen Weisheit und einer verblüffenden Genußfähigkeit geblieben. Seine guten Weine und Gerichte wurden stets vor guten Büchern oder schönen Stichen – Dürer oder Rembrandt – serviert, stets von guten Worten begleitet. Er war der vollkommene Gastgeber, wie Grimod de la Reynière ihn verstand.

Seine Abwesenheit schmerzt mich. Oft denke ich vor meinen Töpfen an sein Lächeln und an seine Ratschläge, an seine Soßen und an seine Schokolade. Ich koche immer noch, aber seine kleinen Geheimnisse und Tricks fehlen mir seit langem. Wenn die ersten Veilchen blühen, versäume ich nicht, sein Grab zu besuchen.

Einige Reisen ins Ausland boten mir Gelegenheit, Geographien zu kosten, verschiedene Erden und Himmel zu schlürfen, von fernen Gegenden und Sitten geprägte Düfte und Würzen schätzen zu lernen. In den Bergen des Kaukasus, im sowjetischen Georgien, machten mich eines Homers würdige Tieropfer und griechische Holzstöße mit fremdartigen Speisen bekannt, bei denen Tauben und Schafe, Hühner und Hähne in riesigen Behältern voll Wasser schwammen, dessen Oberfläche leichte Blasen warf. Das blutige Fleisch wird mit den Vorübergehenden geteilt, während es gleichzeitig einen frommen Wunsch begleitet, der nur nach den geselligen Verrichtungen Aussicht hat, in Erfüllung zu gehen. Das Gemüse wird in Kessel getaucht, in denen die Schlachtabfälle köcheln, und auf die Stirn der spielenden Kinder ist ein Kreuz aus Blut gemalt. In Aserbeidschan, auf einem kleinen lokalen Markt, überfüllt mit grünen Äpfeln und steinharten Birnen, habe ich seltsame Ketten aus Nüssen gekostet, die, auf eine dünne Schnur gefädelt, mehrmals in eine dicke Masse aus Zucker und Traubensaft getaucht worden waren. Diese Operation ermöglicht es, die Sonne zu kristallisieren, und bildet einen fettigen, sirupartigen Film. Am Ufer des Sevan-Sees in Armenien habe ich den Ichkan gekostet, eine Art Goldforelle, die nur in diesen Berggewässern vorkommt. Um gleichsam ein seltenes Vergnügen besser zu verbieten, paniert und fritiert die lokale Küche den Fisch, so daß dessen Geschmack vom heißen Öl vertuscht wird. Von dem Geheimnis sickert nichts durch. Es hätte eines Dampfs bedurft, der das Aroma respektiert und das Fleisch kaum angreift, um dessen köstliche Geheimnisse preiszugeben. In Leningrad, einer nüchternen, stahlblau und bleigrau gepanzerten Stadt, ist der Kaviar unbeschreiblich. Das Perlgrau dieses ambragleichen Wahnsinns zerschmilzt im Mund wie tausend vermischte Meere. Anderswo, in Kopenhagen, wo ich auf Kierkegaards Spuren wandelte, bemächtigen sich die Farben der Ostsee der geräucherten oder marinierten Fische, die unter den sauren Gewürzen ihren Geschmack nur knausrig preisgeben. Als ich in Barcelona die Horchata trank – ein Getränk auf Gerstenbasis –, hatte ich den Eindruck, ganze vom Frost gepackte Getreidefelder zu schlucken. In Rom suchte ich die erstaunlichen Eisdielen der Piazza Navona auf: »Tre Scalini«, »Giolitti«, »Fiocco de Neva«, diejenigen im Viertel des Pantheon oder der Via degli Uffici del Vicario. Im Schatten einer Sonne, die ihre Hitze auf Lukretia und Marc Aurel prallen ließ, kann man Eis mit dem Geschmack von Veilchen, Pilzen, Karotten, Rosenblättern und vielem anderen essen. In Genf, wo ich hinter Voltaire und Rousseau her war, habe ich Weine aus dem Vaudois oder den Fendant des Valais getrunken. In Venedig habe ich in die Früchte gebissen, die auf dem Markt längs des Canale Grande verkauft werden: Sie scheinen voll des Wassers und des Himmels zu sein, aus denen man die einzige Stadt herstellt, die als ganzes ein Kunstwerk ist. Und überall in Frankreich begegnete ich mit den Spezialitäten gleichzeitig der Seele der Orte und Landschaften: Den Perigord durchquerte ich nicht, ohne das eingemachte Gänsefleisch, die Sarlat-Kartoffeln oder den Nußkuchen zu kosten; die Bretagne nicht, ohne auf dem Quais de Cancale ein paar Austern zu schlürfen; die Vogesen nicht, ohne den selbstgemachten Weichkäse zu probieren, der die Salzkartoffeln begleitet; die Provence nicht, ohne eine Ratatouille zu essen, die den gegrillten Fisch begleitet; die Pyrenäen nicht, ohne mich an einem Wildschweinragout zu ergötzen, das die Frau des Jägers zubereitet hat . . .

Ein Land sehen genügt nicht; man es auch hören und schmecken, es durch alle Poren in sich eindringen lassen. Der Körper ist der einzige Zugang zur Erkenntnis. Grimod de La Reynière hat sehr gut gezeigt, daß nur eine Geographie der Feinschmeckerei nicht langweilig ist.

Der Überdruß am Leben verflüchtigt sich, wenn man mit Freunden an einem Tisch sitzt. Ich kenne einige Leute, die alle um die Wette wiederholen, eine Gastronomie sei ein Stil: Da gibt es die verträumte Freundin, die ihre Tauben verkohlt, diejenige, die alle Kontinente an ihren Backofen akklimatisiert – beispielsweise chinesische Fondues oder japanische rohe Fische –, oder den zum Landleben konvertierten Pariser, der zum Spezialisten für Soßenfleisch geworden ist – vom Lammtopf bis zum Schmorbraten. Da gibt es auch die starrsinnige Freundin, die eine Gebrauchsanweisung auf einer Konservendose aus der Fassung bringt und die sich anstrengt, daß ihr die einfachsten Rezepte mißraten, oder denjenigen, der seine Gerichte wie Zen-Gärten oder sowjetische Architekturen herstellt. Der eine bevorzugt Spätlesen, der andere den Landwein aus dem Umkreis eines großen Burgunders. Der eine begießt das Ganze mit Cidre oder Birnenmost, der andere, ein am Ort gewählter Angehöriger einer eher östlich orientierten Partei, begleitet seine ungarische Stopfleber mit ungenießbaren Weinen aus den verschiedenen Ländern der sowjetischen Gemeinschaft. Und wieviel mit Mikrowelle gebrutzeltes Eingemachtes und durch zuviel Hitze auf den Brennern fast lyophilisierte Fische . . .

Um alle diese Leute zu erschrecken, hatte ich die unverschämte und schlechte Idee, Ende 1987 einen Herzinfarkt zu bekommen. Der Einfall ist nicht ohne Prägnanz, denn diesem Delirium der Gefäße verdanke ich die folgenden Seiten. Alle waren erstaunt: Die Statistiken hatten mich nicht vorgesehen, man hielt die Frechheit eher für abgeschmackt. Ein Herzinfarkt mit achtundzwanzig Jahren . . .

Zwischen zwei Elektrokardiogrammen, einer Kalziparin-Injektion und einer Blutentnahme zeigte sich das Schicksal in Gestalt einer Diätetikerin mit allen Anzeichen der Anorexie. Nüchtern und von wenig einnehmender Magerkeit – immerhin ein Zeichen professioneller Gewissenhaftigkeit – hielt sie mir einen langweiligen Vortrag über die Nützlichkeit der Ernährung eines Wüstenmönchs. Am Abend vor der Herzattacke hatte eine Mahlzeit für sechs oder acht Personen es mir ermöglicht, eine Lammschulter mit Austernseitlingen und Sellerie zuzubereiten. Dem allen mußte ich nun entsagen, um mich blindlings in die kalorienarme, zuckerarme und cholesterinarme Diät zu stürzen. Ebenso viele Aufforderungen, meine Kochbücher gegen ein medizinisches Lexikon zu tauschen. Bleich und schmächtig hielt mir die Kalorienbeamtin einen Vortrag über die Meriten der entrahmten Sahne, der Magermilch und des Kochens mit Wasser. Weg mit den prickelnden Soßen und den Mehlschwitzen! Ich sollte mich zu Kräutern und grünem Gemüse bekehren . . . In einem Anfall von Heroismus erklärte ich, gleichsam um vor meinem Ableben einen Witz zu reißen, ich würde lieber Butter essend sterben, als mein Dasein mit Margarine zu strecken. Als verteufelte Psychologin, aber erbärmliche Dialektikerin rief sie, jeder elementaren Logik zum Trotz, daß Butter und Margarine ein und dasselbe seien. Das war mir zu wenig Rhetorik ... Da sie mehr im Spurenelement als in Dialektik glänzte, sagte ich ihr aus der Tiefe meines Bettes, ich zöge Butter vor ... wenn es schon ein und dasselbe sei. Doch leider wurde sie sauer. Sie erklärte, daß sie mich der Fettsucht – ich hatte gerade sieben Kilo abgenommen –, dem Cholesterin, dem baldigen Tod überlasse. Sie packte ihre falschen Rezepte falscher Soßen für falsche Gerichte wieder ein und ließ mich in der Postreanimationsabteilung schmoren.

Einige Zeit nach der Diätetik der Krankenhäuser und Rehabilitationszentren kehrte ich ins normale Leben, also zur normalen Küche zurück. Um meiner durchtriebenen Diätetikerin ein Gericht auf meine Weise zuzubereiten, hatte ich die Idee, daß eine Sammlung von Rezepten für eine fröhliche Wissenschaft der Ernährung nicht überflüssig wäre. Der Gendarm benötigte eine Lektion in Hedonismus. Deshalb existieren diese Seiten. Sie sind ihr nicht gewidmet ...

1

Das Bankett der Allesfresser

Diogenes – Furzer, Onanist und Kannibale – hat die emblematischsten Gäste zu seinem Bankett geladen: Rousseau, den gemüseessenden Paranoiker, Kantor des plebejischen Geschmacks; Kant, den nüchternen Hypochonder, der sich bemüht, Äthylismus und Ethik zu versöhnen; Nietzsche, den Germanenhasser, der die Küche Piemonts zur Läuterung der preußischen Ernährung einführt; Fourier, den Nebulösen, der ein Clausewitz der nutritiven Polemologie sein möchte; Sartre, den Denker des Klebrigen, der die Langusten mit Meskalin zubereitet; oder Marinetti, den experimentellen Gastrosophen, der die unerwartetsten Geschmacksrichtungen verkuppelt.[1]

Vom alimentären kynischen Nihilismus zur kulinarischen futuristischen Revolution führen viele verschlungene Wege: Sie verbinden Menschen, die sich um die – wagen wir den Neologismus – Diätet(h)ik als Weisheit des Geschmacks Gedanken machen. Auf der Tafel der zum Bankett Geladenen: ein roher Polyp und Menschenfleisch, Milchspeisen und gezuckerte Dörrpflaumen, befremdlich in Sauerkraut verwandelt, ein Rosenkranz aus Würsten und ein exaltiertes Schwein (eine in mit Eau de

---

23

Cologne gemischtem Wasser gekochte Salami), Pastet-chen, Soufflés und geöffnete Schaltiere. Wasser für die Abstinenzler und Wein für die Genießer. Kants Medoc und seine Vorliebe für den Kabeljau, Rousseaus Quell-wasser aus klaren Brunnen, seine geronnene Milch und sein frisches Obst.

Die Abwesenden sind, andernorts, mit ihren Bestel-lungen oder ihren Fetischnahrungsmitteln beschäftigt. Descartes ist zu schweigsam, er, der als Raufbold und Li-bertin, Genießer und Strolch in seiner Pariser Zeit die Tavernen nicht verachtete, in denen man die Landweine von Poissy – das normale Getränk bei Hof – oder den un-feineren Saft der Hügel von Montmartre servierte.[2] Man weiß über ihn nur das, was der allzu karge Baillet preis-zugeben gewillt war. Es scheint, als wären in wahrheits-getreueren Biographien über den Autor des *Discours de la méthode* mehr Frauen, Weine und Duelle enthalten. Schweigsam ist auch Spinoza, dessen Leben dem Werk ähnelt – wie es so oft der Fall ist –, regelmäßige Architek-tur, Maschine ohne Überraschungen, Gestalt geworde-ner Apollinismus: »Einen ganzen Tag lang«, so erzählt Colerus, »lebte er nur von einer mit Butter verfeinerten Milchsuppe und einem Krug Bier (. . .); an einem ande-ren Tag aß er lediglich mit Weinbeeren und Butter zube-reitete Grütze.«[3] Wenige Stunden vor seinem Tod nahm der weise Holländer eine Bouillon zu sich, welche die Herbergsleute aus einem alten Hahn gekocht hatten. Baruchs Geschmack scheint sehr streng zu sein: Aus der Nüchternheit der *Ethik*, der Schärfe der Beweisführun-gen läßt sich nicht die Ernährungsweise eines neuen Gar-gantua ableiten.

Zwischen zwei Gängen tauchen Hegel und sein Bordeaux auf. In der Hand hält er den Brief, den er den Gebrüdern Ramann schicken wird und in dem es heißt: »Ich habe die Ehre, Euer Hochedelgebohrn wieder um einen Viertel Eimer – diesmal Medoc zu ersuchen; Sie werden das Geld für das Fäßchen erhalten haben; doch bitte ich Sie, mir ein wohlkonditionierteres zu schicken; das letzte war oben anbrüchig, so daß einige Bouteillen ausgelaufen waren.«[4] Schade, daß man in Hegels Werk, dieser wunderbaren artifiziellen Mechanik, die Abwesenheit des Wesentlichen beklagen muß – Tränen, Lachen, Wein, Frauen, Nahrung, Vergnügen. Träumen wir von einer Phänomenologie des Lebensmittels . . .

Ein paar Schritte hinter ihm wandelt der knausrige Victor Cousin. Er gestand einmal, Kants *Kritik der reinen Vernunft* an dem Tag begriffen zu haben, an dem in einem deutschen Gasthaus eine riesige Schüssel mit Gemüse und Garnierungen aufgetragen wurde, mit einer lächerlich dünnen Scheibe Fleisch darauf – das Wesentliche auf wenig reduziert. An diesem Gefreiten der philosophischen Ordnung Frankreichs, einem eingefleischten Junggesellen, Geizkragen ohnegleichen und chronischem Schmarotzer, ist sympathisch allein seine Leidenschaft für Schokolade, für die er die ewige Verdammnis auf sich genommen hätte. Das erklärt die Notwendigkeit der Einsparung, die er machte, als er einmal Barni, den Übersetzer von Kant, zum Mittagessen eingeladen hatte. Nachdem er ein üppiges Mahl bestellt und verzehrt hatte, schob Cousin eine dringende Besorgung vor, ging von dannen und überließ die Rechnung dem vereinsamten Übersetzer . . .

Ist es verwunderlich, wenn man unter der Feder des Puritaners Proudhon, eines Militaristen und überdies

Frauenfeindes, eine geharnischte Verurteilung der Fourierschen Gastrosophie liest, verwandelt in eine vulgäre »Philosophie des Maules«? Überrascht es, einen tauben – melophoben, würden wir sagen, musikscheuen – Freud zu entdecken, der in seinem Haus ein repetitives alimentäres Ritual einführte, das es ihm erlaubte, jeden Tag auf seinem Tisch einen Eintopf vorzufinden, bei dem lediglich die Soßen wechselten?[5] Der Widerstand gegen die Gastronomie erlaubt einige Rückschlüsse auf die Lebensart, das Werk und den Menschen. Die Ablehnung der Nahrung und des Genusses, den sie verschafft, ist mit der Askese verwandt, in welcher Form auch immer. Sie ist auch mit der Entsagung verschwägert und bringt den scheinbar rationalen Umgang mit den verschiedenen Spielarten der Magersucht hervor, beispielsweise die medizinischen, vegetarischen oder vegetabilischen diätetischen Logiken.

Anderen fehlt es an nutritivem Konformismus: so dem göttlichen Marquis de Sade, der die Nahrung in den Dienst der Sexualität stellt und das weiße Hühnerfleisch lobt: Es verhilft den ausgehungertsten Koprophagen zu dem schmackhaftesten Stuhl.[6] Oder Anne-Marie Schumann, deren Namen die Geschichte nur deshalb bewahrt hat, weil sie eine besondere Vorliebe für Spinnen hatte und ihre ganze Koketterie daran setzte, sie am liebsten gebraten zu essen.[7] Darin eine ferne Verwandte der Tischgenossen von Claude Lévi-Strauss, die ihn mit einem königlichen Geschenk bewirteten: einer Schale voll lebendiger weißer Maden, die zwischen den Zähnen zappelten und knackten, letztlich aber subtile Säfte und delikate Düfte preisgaben.[8] Einige Gnostiker waren ebenfalls auf seltene Speisen erpicht. Dazu ein paar Worte über die Spermatophagen und ihre Tischbrüder, die Fötophagen. Epiphanius, Erzbischof von Padua – 5. Jahrhundert n. Chr. –, berichtet, daß die Gnostiker zwecks Betreuung der unerwünschten Schwangerschaften, die Föten mit den Fingern auflasen, sie »in einer Art Mörser zerstampften und Honig, Pfeffer, verschiedene Würzen sowie wohlriechende Öle daruntermischten«.[9] Das Mahl wurde dann gemeinsam eingenommen und mit den Fingern gegessen. Auch sie ferne Verwandte der Guayaki-Indianer, die der Ethnologe Pierre Clastres besuchte: Er beschrieb, mit welchem Vergnügen sie die Pinsel aussaugen, getränkt mit dem menschlichen Fett, das von der Glut tropft, auf der die toten Leiber rösten.[10]

Ein paar Worte über diejenigen, die – weder ageusisch noch originell – das Ritual des 25. Dezembers hätten abändern und dafür sorgen können, daß man nicht mehr die Geburt des Messias zu Bethlehem feiert, sondern vielmehr das Fest: Am Weihnachtsabend 1709 wird der Philosoph Julien Offroy de La Mettrie geboren. Zuerst Arzt, Autor eines Handbuchs über die venerischen Krankheiten, ist er auch Autor eines wunderbaren *Art de jouir,* in dem er den radikalsten Eudämonismus lehrt. Bei Tisch huldigen die Philosophen nach La Mettries Geschmack, vornehm und sinnlich, wollüstig und feinfühlig, dem reinen Vergnügen. Während der Mahlzeiten hat »der aufgeblähte Gourmand, schon nach dem ersten Gang außer Atem und La Fontaines Schwan ähnlich, bald keinen Wunsch mehr. Der Wollüstling dagegen kostet von allen Speisen, aber er nimmt nur wenig davon, er schont sich, er will alles genießen (. . .). Die anderen schütten den Champagner in sich hinein; er trinkt ihn in langen Zügen, wie alle Wonnen.«[11] Als konsequenten Feinschmecker finden wir den Philosophen an der Tafel von Milord Tyrconnel wieder, wo eine Pastete aufgetragen wird. In *L'Homme-Machine* hatte der Denker vor Fleisch gewarnt, das nicht gar genug ist. Am Tisch des Adligen bemerkt er den fortgeschrittenen Zustand der Pastete nicht, von der er kostet. Der Tod stellt sich ein.

Ein weiterer gastrosophischer Weihnachtsabend: der des Jahres 1837, an dem Grimod de la Reynière, Alexandre Balthasar Laurent, das Zeitliche segnet, einer der ersten Chronisten der Schlemmerei, einer der Gründerväter der gastronomischen Literatur. Sein Großvater – ein Metzger – war 1754 einer Leberpastete erlegen, an der er erstickte. Der Enkel wird eines ähnlichen Ablebens würdig sein und durch eine augenfällige Besonderheit glänzen. Mit mißgestalteten Händen geboren – halb Pfoten, halb Zangen –, versteckte er sie unter weißen Handschuhen, die gleichzeitig eine komplizierte metallene Apparatur verbargen, die ihm das Greifen ermöglichte. Dem schwärzesten Humor frönend, legte er bisweilen seine »Hände« auf einen heißen Ofen und forderte die anwesenden Zuschauer auf, ein gleiches zu tun . . . Er ist auch der Anreger der zweimal wöchentlich stattfindenden, »halb nahrhaften« philosophischen Mittagessen, schrillen Nachahmungen der Freimaurerriten, bei denen man in Anwesenheit von sechzehn Gästen, insgesamt also siebzehn Personen, siebzehn Tassen Kaffee trinken mußte. Die Mahlzeit war theatralisiert, die Nahrung phantasiert. Zynisch wie er war, stellte Grimod die Treue seiner Freunde gastronomisch auf die Probe, indem er ihnen Billets schickte, die seinen Tod anzeigten. Er lud sie zu einem Essen zu seinem Gedenken ein. Von einem Exzentriker erlöst, dessen sie sich für immer ledig glaubten, blieben die Opportunisten, die lauen Freunde fern. Die anderen machten sich auf den Weg. Während des Leichenschmauses erschien Grimod in Fleisch und Blut und strafte die Nachricht Lügen. Dann begab er sich zu Tisch und setzte das Liebesmahl mit seinen Getreuen fort. Die einzig wirkliche Taktlosigkeit, die er beging, bestand darin, daß er ein kleines Werk mit dem Titel *Avantages de la bonne chère sur les femmes* verfaßte. Jeder Eudämonist, der diesen Namen verdient, weiß, daß es zwischen den beiden Bereichen keine Konkurrenz, sondern nur Komplementarität geben kann.

Lauter Gründe, die Anlaß sein müßten, den 25. Dezember zum Fest des Festes zu weihen, Vorwand für Festessen. Die Seltenheit der Gedächtnisfeiern ließe sich durch Einführung weiterer Gelegenheiten wettmachen. Auf diese Weise würden die emblematischen Momente der Philosophie Gestalt annehmen: die Melonen, die Descartes Träume bevölkern[13]; der Apfel, der Charles Fourier die Theorie der Anziehung lehrte; oder das Omelett, das Condorcet zu Fall brachte[14] . . .

Die Diätetik ist eine ernsthafte Modalität des Heidentums, wenn nicht des Atheismus und der Immanenz. Jegliche Transzedenz wird verabschiedet zugunsten eines Willens seiner selbst als Gnomon des Realen. Keine Gefahr der Entfremdung mehr durch irgendeine Zuflucht zum Außerhalb oder Jenseits. Es ist im übrigen nicht verwunderlich, daß wir, unabhängig von der Sentenz und den vielfältigen Interpretationen, die sie implizierte, Ludwig Feuerbach den berühmten Ausspruch »Der Mensch ist, was er ißt« verdanken. In seinen philosophischen Manifesten schreibt er: »Folge den Sinnen. Wo

---

der Sinn anfängt, hört die Religion und hört die Philosophie auf.«[15] Und beginnt das Leben, könnte man hinzufügen. An anderer Stelle behauptet er, daß »der Körper das Fundament der Vernunft, das Band der logischen Notwendigkeit« ist oder daß »die Sinnlichkeit also der Grund, die Voraussetzung der Vernunft des Geistes ist«.[16] Nicht von ungefähr ist Feuerbach der erste Theoretiker des Atheismus, der erste Genealoge der Entfremdung. Aus seiner Feder stammen die entscheidenden Zeilen über das Religiöse, die Religion und ihre vielfachen Formen. Das Heilige wird seziert, analysiert und reduziert – wie eine Soße. Er entwickelt auch eine neue sensualistische Positivität, mehr oder weniger Erbe einer bestimmten materialistischen Tradition Frankreichs und dann einer sensualistischen Tradition Englands. Es bildet sich eine Moderne heraus, deren Erbe bald Nietzsche und mit ihm unser Jahrhundert antreten wird. Das Lebensmittel, die Nahrung werden die materialistischen Prinzipien einer Kunst, ohne Gott – und ohne Götter – zu leben.

Eine Wissenschaft des Mundes, verstanden als Zugang zu einer Ästethik seiner selbst, ist seit Nietzsches Weisungen, sich um das Nächstliegende zu kümmern und die Geschichte der Fragmente des Alltäglichen zu schreiben, nicht entstanden. Auch wenn die Ansätze von Noëlle Chatelet[17], Jean-Paul Aron[18] oder Jean-François Revel[19] Beachtung verdienen, so muß man doch das Schweigen des zeitgenössischen Denkens über das Wesentliche zur Kenntnis nehmen. Eine Ausnahme: Michel Foucault, der mit seiner letzten Arbeit eine epistemologische Wende vollzieht. Am Ende seiner *Histoire de la sexualité* werden die wesentlichen Logiken gepriesen: die

Liebe, die Lüste, die Sexualität, der Körper. Nachdem er sich mit den gesellschaftlichen Maschinen befaßt hat, die die Unterschiede ausschalten und Normalität erzeugen, wendet sich Foucault den verborgensten, aber anregendsten Geheimnissen zu. Endlich zeigte sich eine authentische Nietzschesche Sorge um die wesentlichen Sorgen.

In »Der Gebrauch der Lüste« wird die Diätetik als etwas beschrieben, was wir eine Kunst ohne Museum nennen könnten. Sie wird gelesen als eine Art und Weise, »eine Freiheit zu stilisieren«[20], als eine Logik des Körpers und gleichzeitig als eine Apologie der Beherrschung. Die Wahl eines Nahrungsmittels wird wirklich zu dem, was sie ist: zu einer existentiellen Wahl, durch die man zur Konstituierung seiner selbst gelangt. Eine Genealogie der Diätetik stellt als Grundprinzip die medizinische Sorge fest: Das Ziel des Diätetikers ist die Gesundheit. Man muß in dieser Hinsicht die Texte des Hippokrates lesen und mit Galen fortfahren. Die Entwicklung dieser Sorge markiert eine wachsende Autonomie des Beweglichen. Die Diät wird »eine fundamentale Kategorie, in der die menschliche Lebensführung gedacht werden kann; sie charakterisiert die Weise, in der man seine Existenz führt, und ermöglicht es, die Lebensführung mit Regeln auszustatten: eine Problematisierung des Verhaltens im Hinblick auf eine Natur, die man zu bewahren und der man sich anzupassen hat. Die Diät ist eine ganze Lebenskunst.«[21] Eine Weise, in der man seine Existenz führt, gewiß, aber auch eine Weise in der man seinen Körper träumt, die Zukunft phantasiert, die Nahrung und das Reale in der Futurisierung verbindet. Es gibt keine unschuldige Diätetik. Sie gibt Auskunft über den Willen zu sein und zu werden, über die archetypischen

Kategorien eines Lebens, eines Denkens, eines Systems und eines Werks. Daher das Interesse, in der Geschichte der Philosophie diesen Weg durch Doktrinen und Bücher zurückzulegen, um auf indirektere und ungewöhnlichere Weise zu den Ideen vorzustoßen. Die Nahrung als Ariadnefaden, um sich in einem Labyrinth weder zu langweilen noch zu verlieren.

Die Kunst des Essens ist die Kunst *in fine*. Foucault schrieb: »Bei der Praktik der Diät als Lebenskunst (. . .) handelt es sich darum, wie man sich als ein Subjekt konstituiert, das um seinen Körper die rechte, notwendige und ausreichende Sorge trägt.«[23] Als Ethik und Ästethik in einem wird die Diätetik zur Wissenschaft der Subjektivität. Sie zeigt, daß es eine Wissenschaft des Besonderen als Zugang zum Allgemeinen geben kann. Die Nahrung als das Reale durchschlagende Argument. Schließlich ist sie ein Mittel, sich selbst als kohärentes Werk zu konstruieren. Die Besonderheit, die sie gestattet, die Erarbeitung seiner selbst, die sie ermöglicht, haben einen Aphorismus von Brillat-Savarin zum geflügelten Wort werden lassen. In der *Physiologie du goût* schreibt dieser charmante Schwager von Charles Fourier: »Sag mir, was du ißt, und ich sage dir, was du bist.«[23]

Doch verlassen wir die Theorie, denn von dem Bankett, auf das wir einen Blick warfen, haben sich Schopenhauer und Rabelais soeben fortgestohlen. Der erste hat in das Notizbuch, das er regelmäßig führt, die gastronomischen Kommentare gekritzelt, zu denen dieses Mahl ihn inspirierte.[24] Der zweite hält einige Rezepte in der Hand, darunter dasjenige, das die aphrodisischen Eigenschaften des Weins aufzählt, in dem eine Meerbarbe erstickt wurde, sowie das der Butter von Montpellier, das er auf sein Medizindiplom notiert hat . . .

2

Diogenes oder der Geschmack des Polypen

Hegel schreibt zu unrecht, von Diogenes seien »nur Anekdoten zu erzählen«[1] und die Kyniker »in der Philosophie keiner weiteren Beachtung würdig«[2]. Der Gedankenblitz, der witzige Einfall bedeuten stets mehr als die augenscheinliche Evidenz. Der kynische Philosoph besitzt den unerbittlichen Willen, nein zu sagen, in den Gewohnheiten den Konformismus aufzuspüren. Der Kyniker ist die emblematische Gestalt des authentischen Philosophen, definiert als »das böse Gewissen« seiner Zeit.[3] Hegels zwanghaftem Idealismus ist Nietzsches fixe Idee vorzuziehen: Letzterer versteht den Gelehrten vor allem als Dynamit, »als einen furchtbaren Explosionsstoff, vor dem alles in Gefahr ist«[4], mit dessen Hilfe man in einem zweiten Schritt zur Fröhlichen Wissenschaft gelangt. Im Bewußtsein der Nietzscheschen Definition des Kynismus als des »Höchsten, was auf Erden erreicht werden kann«[5], darf man sich getrost den von Diogenes durchstreiften Gegenden zuwenden: Wir werden dort die Impertinenz finden, mit der man bei jeder neuen Positivität rechnen muß.

Unsere Zeitalter heilloser Melancholie huldigen indes allen möglichen Illusionen. Diogenes' kynische Ästhetik ist ein Gegengift gegen diese obskurantistische Entgleisung, ist Wille zur Hellsicht. Die kynische Forderung besteht darin, das Alltägliche in eine zwar improvisierte, aber schlichte und reine Form zu bringen, eine von den Schlacken und der Geziertheit der Zivilisationen gereinigte Form. Der kynische Wunsch besteht darin, das Vertrauen in die Ideale, die auch die Prinzipien der Illusion sind, zu untergraben: das Heilige, die Konvention, die Gewohnheit, die Passivität. Er verfolgt auch ein positives Projekt, bei dem das Experiment eines natürlichen Lebens die Bedingung für die Möglichkeit einer Ästhetik seiner selbst, einer heilsamen Pädagogik der Verzweiflung ist. Jener »rasende Sokrates«[6], der Diogenes war, hätte unbestreitbar Montaignes Aufforderung zugestimmt, sein eigenes Leben zu schaffen, da »unser großes und ruhmreiches Meisterwerk darin besteht, zweckmäßig zu leben«.[7]

Der Kyniker ist von dem Wunsch beseelt, das Problem der Existenz auf ästhetische Weise zu lösen. Sein Wille ist architektonisch: besser die Freude eines Lebens im Zeichen des reinen Genusses, des einfachen Vergnügens, als die Verzweiflung eines der Wiederholung, dem Identischen unterworfenen Alltags. »Als einer sagte, das Leben sei ein Übel, erwiderte Diogenes: ›Nicht das Leben, sondern ein böses Leben‹ . . .«[8]

Der Philosoph im Faß – auch wenn die Amphore zutreffender war, das Faß ist eine gallische Erfindung – macht von den Nahrungsmitteln einen pädagogischen Gebrauch. Der Schlußstein des kynischen Theoriegebäudes ist die Behauptung, daß die natürliche Ordnung jeder anderen unbedingt überlegen sei. Die Zivilisation ist ein Agens der Perversion: Sie filtert die positive Unschuld und kristallisiert die Verderbtheit des in ein abscheuliches Objekt verwandelten Realen, um das Verbote, Skandale und Komplexe kreisen. Das Künstliche ist zu verbannen. Diogenes' Projekt besteht in der »Rückkehr zu einer anfänglichen Wildheit«, und die Ernährung ist von diesem Willen geprägt: »Auf theoretischer Ebene wie in ihrer alltäglichen Praxis entwickeln die Kyniker eine Infragestellung nicht nur der Stadt, sondern der Gesellschaft und der Zivilisation. Ihr Protest ist eine verallgemeinerte Kritik des Kulturzustandes. Eine Kritik, die im 4. Jahrhundert mit der Krise der Stadt auftaucht und deren Hauptthema unter anderem die Rückkehr zum Naturzustand ist. Negativ betrachtet ist es die Verunglimpfung des Stadtlebens und die Ablehnung der von der Zivilisation erzeugten materiellen Güter. Positiv betrachtet ist es ein Bemühen, zum einfachen Leben der ersten Menschen zurückzufinden, die Quellwasser tranken und sich von gesammelten Eicheln oder geernteten Pflanzen ernährten.«[9] Die kynische Ablehnung gilt der Norm, der Tradition: Die Gemeinplätze werden zunichte gemacht, handle es sich um Politik, um Gebräuche oder gesellschaftliche Tatsachen. Die Nahrung ist ein wichtiger Punkt in dieser Ästhetik der Verneinung.

Dem konsensuellen Gekochten der nutritiven Institution setzt Diogenes den zügellosesten alimentären Nihilismus entgegen, der sich vornehmlich durch die Ablehnung des prometheischen Feuers als des Symbols der Zivilisation auszeichnet. Das oberste Prinzip der kynischen Diätetik ist das Rohe. Die Verwilderung des Kynikers – der Ausdruck stammt von Plutarch – setzt die Omophagie als Dekonstruktion des Wertesystems voraus, auf dem die Zivilisation beruht. »Denn was ist Omophagie anderes«, schreibt Détienne, »als eine Art und Weise, die Lebensbedingung des Menschen abzulehnen, die durch das prometheische Opfer definiert und von den Regeln der Lebenskunst aufgezwungen ist, welche den Gebrauch des Bratspießes und des Kessels vorschreiben?« Für die Omophagen geht es darum, »sich wie die Tiere zu verhalten (. . .), um von unten, aus der Tierheit heraus, dem politisch-religiösen Verhältnis zu entrinnen.«[10]

Diogenes schreckt auch vor den frevelhaftesten Überschreitungen nicht zurück: Wo andere Gekochtes verzehren, will er Blut, blutiges Fleisch. J.P. Vernant sieht in dieser Sorge eine Parteinahme für »die Dekonstruktion des herrschenden anthropologischen Modells (. . .). Gekochtes Fleisch ablehnen heißt vor allem, das zum Kochen des Fleisches notwendige Feuer ablehnen, es heißt auch, sich der Zivilisation widersetzen, deren Voraussetzung das Feuer ist.«[11] Das kynische Vorbild ist das Tier. Wiederholt lassen die über Diogenes berichteten Anekdoten diesen Willen erkennen, von den Tieren zu lernen: vom Hund natürlich, aber auch vom Pferd, vom Löwen, von der Maus, vom Fisch, von den Vögeln oder vom Rindvieh. Will man den von Theophrast überlieferten Anekdoten Glauben schenken, so soll sich Diogenes in dem Augenblick zur Askese, zum Verzicht auf die wohlfeilen Genüsse der Zivilisation entschlossen haben, als er eine Maus nach allen Seiten laufen sah: Für ihn war sie zum Bild der Weisheit geworden.

Bei diesem Projekt der Mimetik begnügt sich Diogenes nicht mit blutigem Fleisch. Diogenes Laertius schreibt: »Diogenes meint, selbst Menschenfleisch zu verzehren, sei kein Vergehen wider die Gottheit, wie sich aus den Bräuchen ergebe. Und zwar berief er sich auf folgende Betrachtungen als beweisend dafür, daß streng genommen alles in allem enthalten sei und durch alles hindurchgehe: Im Brote seien Fleischteile, und im Kohl Brotteile und auch Teile von allen übrigen Körpern, indem allenthalben durch gewisse unsichtbare Poren Stoffmassen eingesogen und wieder ausgedünstet würden . . .«[12] Auf diese Weise ist die Nähe, wenn nicht die Verwandtschaft mit den Tieren gesichert, und zwar nicht mit irgendwelchen, sondern mit den grausamsten, wildesten Raubtieren wie den Wölfen, die, Platon zufolge, von der Allelophagie herrühren: »Daß, wer menschliche Eingeweide gekostet hat, wenn dergleichen unter andere von anderen Opfertieren mit hineingeschnitten ist, der notwendig zum Wolfe wird.«[13] Nichts ist schädlicher als Menschenfutter . . . Diogenes weiß, was er tut, wenn er so handelt: Er hört auf, ein Mensch zu sein, und begründet seine Animalität. Gleichzeitig führt er apokalyptische Gärstoffe in die Zivilisation ein, die den Kannibalismus nur in seinen rituellen Formen duldet oder wenn er die einzige Antwort auf eine Situation des Mangels ist. Außer bei Diogenes war die Anthropophagie niemals ein bewußter, immanenter Akt. Geduldet, gefördert und befürwortet, wenn er den magischen, religiösen Verzehr der Horde, das rituelle Verbrechen betrifft, ist der Kannibalismus in die Mannigfaltigkeit der gesellschaftlichen Modalität integriert: als Ausübung der Rache nach Clankriegen, als juristische Sanktion – von den rechtsbeflissenen Tartaren bis hin zu den getäuschten Kreuzfahrern auf ihren Reisen nach Jerusalem –, als Lösung, einem Nahrungsmangel abzuhelfen. Doch in einer nihilistischen gesellschaftlichen Optik scheint die Allelophagie des Diogenes ein einmaliger Wille zu sein, der keine Vorgänger und keine Nachfolger hatte.

Diogenes' Geschmack am Blut schließt ein Vegetariertum in der Praxis nicht aus. Diogenes Laertius schildert den Versuch des Philosophen, Menschenfleisch zu verzehren. Man weiß nicht, ob es ihm gelang, seinen Ekel zu überwinden. Jedenfalls wurde das Experiment, sollte es denn stattgefunden haben, nicht zur Gewohnheit. Es war eher ein Happening in der griechischen Polis. Die vielen Anekdoten, die über Diogenes überliefert sind, zeigen ihn eher erpicht auf Oliven und wilde Beeren denn auf Menschenhaxen.

Das kynische Lob des einfachen Lebens fügt sich mit weniger Widrigkeiten in die unter der griechischen Sonne leicht zu verwirklichende Frugalität. Oft sieht man Diogenes als friedlichen Sammler von Feigen, Früchten und Wurzeln. Er trinkt das frische Quellwasser der Brunnen, und seine Lippen glänzen öfter vor klarem Wasser denn vor provozierendem Hämoglobin.

Diogenes' Nahrungsmittelversorgung ist einfach: Die Natur liefert genügend Produkte, so daß man sich mit Sammeln begnügen kann. Damit negiert er die Entwicklung, die von der Improvisation zur Planung, vom Umherschweifen zur Niederlassung, vom Nomadentum der Hirten zur Seßhaftigkeit der Viehzüchter führt. Diogenes steht diesseits der Zivilisation, vor der Zeit, da man sich für die Ansiedlung entschied, die das Wandern, die Freiheit des Pilgers verbietet. Sammeln heißt, sich zur Phantasie verurteilen, sich dem Zufall unterwerfen und die Sicherheit ablehnen. »Möge ich, sagte der Kyniker (...), diejenige Nahrung wählen, die ich mir am leichtesten besorgen kann.«[14] Man muß seine Bedürf-

---

nisse auf die der Natur beschränken. Dio Chrysostomos berichtet, daß sich Diogenes über die Leute lustig machte, die durstig sind und an einer Quelle vorbeigehen, um unter den äußersten Anstrengungen vielleicht Wein aus Chios oder Lesbos aufzutreiben. »Von ihnen sagte er, sie seien viel dümmer als das Rindvieh: Habe dies Durst, so gehe es niemals an einer Quelle oder einem klaren Bach vorbei, habe es Hunger, so verschmähe es nicht die zartesten Blätter und das Gras, das als Futter ausreiche.«[15] So lebt man gesund, Voraussetzung für ein langes Leben.

Ein glückliches Leben auf der Erde ist möglich, wenn man auf Überflüssiges und Luxus verzichtet. Die Befriedigung der natürlichen und notwendigen Wünsche – ein epikuräischer Imperativ – führt zur naiven Fröhlichkeit, zur Freude am Dasein. In Wirklichkeit sind die Menschen unglücklich, weil sie »Leckerbissen, Wohlgerüche und Ähnliches« suchen.[16] Frugalität ist ein weiterer diätetischer Imperativ. Das Wasser ist das Symbol der kynischen Askese. Die Einfachheit begründet die alimentäre Wahrheit: »Ich werde immer noch ausreichend zu essen haben, Äpfel und Hirse und Gerste und Erbsen und die billigsten Bohnen, Eicheln, in der Asche geröstet, und Kornelkirschen (. . .), von denen sogar die größten Tiere auf die Dauer leben können.«[17]

In einem Brief an seinen Schüler Monimos erwähnt Diogenes die Lehren, die er seinem Meister Antisthenes verdankt: »Die Schalen, aus denen wir trinken werden, sind aus dünner Tonerde und nicht teuer. Als Getränk wählen wir Quellwasser, als Nahrung Brot und als Gewürz Salz oder Kresse. Das habe ich zu essen und zu trinken gelernt, als Antisthenes mich erzog, nicht als ob es sich um gemeine Nahrung handele, sondern eher um eine, die besser ist als die anderen, auch leichter auf der Straße zu finden, die zum Glück führt.« Die Praxis dieser Askese, dieses philosophischen Lebens bringt ihn nach mehrjähriger Erfahrung zu dem Schluß:»Ich habe diese Nahrung gegessen und getrunken und sah darin keine Sache der Übung mehr, sondern des Vergnügens.«[18]

Wenn die kynische Praxis der Ernährung eine Läuterung der Ernährungsweise voraussetzt, so regt sie auch zur Vereinfachung der Eßriten an. Weder geregelte Bankette noch Konzentration der Tätigkeiten des Mundes auf speziell diesem Zweck vorbehaltene Räume: Diogenes zieht gegen den Irrwahn zu Felde, die Tätigkeiten, welche die Befriedigung eines Wunsches und die Beschaffung einens Vergnügens zum Ziel haben, in geschlossene Räume zu verbannen. Gegen den versteckten und eingeschlossenen Körper vertritt der Kyniker eine Politik des gezeigten, zur Schau gestellten Körpers. Auch hier bekräftigt der Wille zur Übertreibung die pädagogische Absicht. In diesem Sinne zögert Diogenes nicht, auf dem Marktplatz zu onanieren und den Schockierten zu erwidern:»Könnte man doch den Bauch ebenso reiben, um den Hunger loszuwerden.«[19] Ebensowenig widerstrebten ihm öffentliche Paarungen, denn er meinte, eine so einfache und natürliche Sache könne vor aller Augen und Ohren getan werden. Onanie, Kopulation – weshalb nicht auch die Nahrungsaufnahme. Ohne Komplexe trägt er die Nahrungsaufnahme aus den stickigen Orten hinaus auf den Marktplatz[30], vor den empörten Augen der mustergültigen Bürger, die es gewohnt sind, ihre Mahlzeiten wie tabuisierte Riten zu verbergen.

Keine Existenz gelangt zur Schönheit ohne einen gebührenden Tod. Der Tod des Diogenes ist nicht ohne Bezug zur Nahrung. Die Überlieferungen unterstellen dem Philosophen mehrere Arten, von der Welt Abschied zu nehmen. Die eine behauptet, er habe sein Leben beendet, indem er den Atem anhielt. Oder: von der Beherrschung. Die andere, er sei einem Hund zum Opfer gefallen, der wütend darüber war, daß man ihm einen rohen Polypen streitig machte. Oder: von der Ironie des Kampfs der »Hunde«. Die letzte vermutet, er habe das Tier bezwungen und sei nach Verzehr der Beute einer Indigestion erlegen. Oder: von der Strafe für die Übertretung der alimentären Regeln. Es sei denn, es handle sich um eine Art und Weise, den kynischen Praktiken des Meisters Konsequenz zu verleihen. Plutarch schildert die Fakten wie folgt: »Diogenes wagte es, einen rohen Polypen zu verspeisen, um die Zubereitung des Fleischs durch Kochen auf dem Feuer zu verwerfen. Und als viele Menschen ihn umringten, hüllte er sich in seinen Mantel und sagte, das Fleisch zum Munde führend: ›Für euch setze ich mein Leben aufs Spiel. Für euch begebe ich mich in diese Gefahr.‹«[21]

Kurz vor seinem Tod hatte er den Auftrag gegeben, ihn unbeerdigt den wilden Tieren vorzuwerfen oder in eine Grube zu werfen mit einer dünnen Schicht Staub.[22] Die Bestattung, die ihm die Hunde, die Geier, die Sonne und der Regen bereiten würden, schien ihm auf treffende Weise ein Leben kynischer Askese zu vollenden. Wenn wir uns erinnern, mit welchem Eifer Antigone verhindern will, daß der Leichnam ihres Bruders »ein süßer Fraß der Raubvögel« werde[23], und welches Entsetzen ein unbestatteter Leichnam einflößt, können wir die Bedeutung der von dem Philosophen gewünschten Übertretung ermessen. In der Tat – eine letzte Umkehrung – wollte Diogenes, daß sein Körper auf diese Weise von einem Tier – einem Zufallsgefährten – verschlungen werde, damit er am natürlichen Zyklus teilhabe, mit den Elementen verschmelze. Aus Diogenes, der rohe Tiere frißt, wird einer, der roh von den Tieren gefressen wird. Tier unter Tieren. Also treu. Bis in den Tod fuhr er fort, jedes Fleisch zu einem Nahrungsmittel und jedes Nahrungsmittel zu Fleisch zu machen. Niemals wird daher von etwas anderem als von dieser fortwährenden Dialektik die Rede sein: essen, leben/sterben, gegessen werden. Ingestion, Digestion: infernalisches Paar, das die Evidenz der ewigen Wiederkehr der Dinge unter dem Zeichen der Ernährung beweist. Von der Nahrung als Argument für den Zyklus.

In seinem Bestreben, Ethik und Ästhetik zu verschmelzen, aus seinem Dasein ein Werk zu machen, das einzig von seinem Willen abhängt, hat Diogenes eine Logik des Gebrauchs seiner selbst begründet, in der der Mund die Öffnung der Wahrheit und des Sinns ist, trotz des bei jeder gastronomischen Verrichtung gebotenen Schweigens. Das Nahrungsmittel erhält einen symbolischen Status und fügt sich in das nihilistische Unternehmen des Kynikers. Lukian läßt Diogenes sagen: »Unsere Denkungsart (...) ist die Zensur der anderen Menschen«, und: »Ich tue nur, was mir gefällt, ich habe nur die Gesellschaft, die mir angenehm ist.«[24] Deshalb darf man sich nicht wundern, daß der Philosoph das Theater durch den Ausgang betritt oder unter dem Portikus rückwärtsgeht. Seinen Widersachern pflegte er zu entgegnen: »So halte ich es grundsätzlich in meiner ganzen Lebensführung.«[25]

Das rohe Fleisch, der provozierende Geschmack des Bluts, die geforderte Anthropophagie, das frugale Leben und die auf der Agora exhibierten Mahlzeiten – das alles zeugt von einem mächtigen Willen zum Nihilismus, einem negativen Moment, das sich auf einen asketischen Willen stützt, einem positiven Moment der kynischen Logik. Aus dieser Sicht hat die Nahrung die Funktion, die Forderung der Natur zu veranschaulichen, immanente Argumente zu liefern: Sie drückt die Ablehnung einer Welt – der des Künstlichen – und gleichzeitig den Wunsch nach einer anderen aus – der Welt der Einfachheit. Diogenes und sein Polyp zeigen, daß es keine unschuldige Diätetik geben kann.

3

Rousseau oder die Milchstraße

Bedürfte es einer emblematischen Gestalt der Entsagung in Sachen der Gastronomie, so wäre sie unwidersprochen Jean-Jacques Rousseau. Und wäre es möglich, unter einem Wahnsinnigen einen des Sinns und der Sinnesempfindungen beraubten Menschen zu verstehen, so wäre der Bürger aus Genf dieser Mensch. Sein Fleisch schätzt die Nahrung, weil sie die einzige Möglichkeit ist, das Leben zu erhalten. Andernfalls könnte man wetten, daß Rousseau ohne viel Verdruß auf sie verzichten würde.

Man weiß, mit welcher Besessenheit der Philosoph die Moderne, seine Zeit kritisierte und dementsprechend eine natürliche Menschheit pries, die nichts weniger als mythisch ist. Der *Discours sur les sciences et les arts* ist einer der Texte, der unbedingt in einer Anthologie obskurantistischer Schriften enthalten sein müßte: Kritik des Handels, der Sitten, des Luxus, der geistigen Tätigkeiten, der Philosophie und all dessen, was direkt oder indirekt zur Kultur gehört. Auf dem Höhepunkt seines Scharfsinns geißelt Rousseau die Buchdruckerkunst – »die Kunst, die Ausschweifungen des menschlichen Geistes zu verewigen« – und brandmarkt die »greuliche

49

Unordnung, welche die Buchdruckerei schon in Europa angerichtet hat«.[1]

Mit demselben Eifer attackiert er die Philosophie – »eitle Bilder, welche der menschliche Stolz erfunden hat« – und erklärt sie zum Schlußstein einer Genealogie der Dekadenz: »Sowie sich der Geschmack an diesen Kleinigkeiten bei einer Nation ausbreitet, so verliert dieselbe das Gefühl für wahre Tugend.«[2] Dem Philosophen zeigt sich die Gestalt der Wahrheit in aller Offenkundigkeit: in der des Landarbeiters.[3] Gegen seine Zeit empfiehlt Rousseau ein reaktionäres, da von der Vergangenheit inspiriertes Modell: ursprüngliche Ländlichkeit, die vor der alles verderbenden Zivilisation herrschte. Die Tugend liegt in der Einfachheit, der Handarbeit, der Armut, der Unwissenheit: »Die Zeit der Unwissenheit ist zugleich die glücklichste und tugendhafteste Zeit jedes Volks gewesen.«[4]

Ackerbau contra Kultur. Die Idee wird ihren Weg machen. Die Rede ist summarisch, die Lösung nicht weit. Mit Rousseau nimmt das Denken des Ressentiments Gestalt an: Der Fortschritt der Künste ist der städtischen Dekadenz proportional. Das Unnütze beseitigen, das Notwendige verwirklichen: Sparta contra Athen. Um das Porträt zu vervollständigen, wird Rousseau zum Urheber der törichtsten Maxime aller Zeiten: »Der Mensch ist von Natur aus gut«[5], und, obligate Entsprechung, die Natur ist das fruchtbare, reiche und wahre Prinzip.

Muß man sich wundern, bei einem solchen Philosophen eine förmliche Kritik der Gastronomie zu lesen? Gewiß nicht. Das gesamte Werk ist der Beweis für die grundlegende Unfähigkeit des Autors zu irgendeiner fröhlichen Wissenschaft, folglich auch nicht einer alimentären. Die Apologie der Wurzeln ist des spartanischen Fanatikers würdig. Das Ragout wird zum typischen Gericht der Dekadenz. Die Liebe zum lakedämonischen Krieger unterliegt nicht dem geringsten Zweifel: Die bäuerliche Derbheit ist die vornehmste Tugend des In-den-Krieg-Ziehens.

Die summarische These, die sich so ungemein ausbreiten sollte, lautet, daß »die Natur uns vor der Wissenschaft hat bewahren wollen«[6] – so daß die ursprüngliche Einfachheit gewissermaßen die Antithese einer Wissenschaft des Geschmacks, einer Gastronomie ist. Rousseau entwickelt eine spartanische – Nietzsche würde sie eher sozialistisch oder christlich nennen – Theorie der Nahrung.

Als sozialistischer Gastrosoph verfällt Jean Jacques so sehr dem Populismus, daß man die typisch plebejische Argumentation in Sachen der Ernährung zu hören meint; der Luxus der Städte und Bürger ist der Grund für die Armut der Dörfer und Bauern: »Wir brauchen Soßen in unseren Küchen, daher mangelt es so vielen Kranken an Fleischbrühe. Wir brauchen Liköre auf unseren Tafeln, daher trinkt der Landmann bloß Wasser. Wir brauchen Puder für unsere Perücken, deswegen haben so viele Arme kein Brot.«[7] Der Luxus ist das Werkzeug der Pauperisierung. Von Voltaire abgesehen ist dies eine fixe Idee des Zeitalters der Aufklärung.

Das archetypische Prinzip des *Discours sur les sciences et les arts* ist, daß »alles, was über die physischen Bedürfnisse hinausgeht, eine Quelle des Übels ist«.[8] Dieser Spruch gilt für die Ernährung und alles übrige. Nietzsche würde jubeln: Es ist dies eine der Maximen der jüdisch-christlichen Entsagung, die der entstehende Sozialismus übernimmt. Essen ist ein Gebot des Überlebens, nicht des Genusses. Die Exegese der Gemeinplätze wird sich bald mit dem Satz: »Man muß essen, um zu leben, und nicht leben, um zu essen«, befassen müssen. Vorsicht vor der Sünde der Feinschmeckerei!

Die Zivilisation hat das Natürliche in uns erstickt: Die Einfachheit entdecken, wissen, worin ein natürliches Leben, eine gesunde Ernährung besteht, sind keine selbstverständlichen Dinge. In der Hypothese des Naturzustandes ernährt sich der Mensch richtig, weil er seiner Eingebung vertraut und weil diese nicht trügerisch sein kann. In der − mythischen − Vorzeit »brachte die Erde ihm alles hervor, was er nötig hatte, und der Instinkt trieb ihn an, sich dieser Dinge zu bedienen«[9]. Seine erste Sorge war, sich selbst zu erhalten.

Dennoch findet die Evolution statt. Rousseau hebt Veränderungen in der äußerlichen Beschaffenheit des Menschen, Modifizierungen im Verhalten, neue Verwendungen seiner Glieder oder neue Nahrungsmittel hervor.[10] Obwohl fruchtbar und großzügig, erwies sich die Natur als schwierig und unzugänglich − doch aus welchen Gründen? »Bäume, die zu hoch waren, als daß der Mensch ihre Früchte erreichen konnte, eine Menge von Tieren, die nach eben diesen Früchten strebten«[11], und viele andere Widrigkeiten zwangen den Menschen zu einer Anpassung. So entstanden Behendigkeit, Stärke und Kraft. Der Philosoph, der sich über den Motor der Evolution ausschweigt, die auf tragische Weise zum Unwiderruflichen − zur Zivilisation − führt, beschreibt die dialektische Natur der Bewegung, die zum Bearbeiteten führt. Die Rauheit der Jahreszeiten, die Verschiedenheit der Klimate, die geologischen und geographischen

Zwänge nötigen zur Initiative: Die Menschen, die an Flüssen leben, erfinden Angel und Haken, den Fischfang und werden zu Herren und Eigentümern der Wasserläufe, Seen, Teiche und Meere. »Sie werden Fischer und Fischesser. In den Wäldern machten sie sich Bogen und Pfeile, wurden Jäger und Kriegsleute (. . .). Der Blitz, ein feuerspeiender Berg oder sonst ein glücklicher Zufall machte ihnen das Feuer bekannt (. . .). Sie lernten das Mittel, dieses Element zu verwahren, hernach es wieder anzuzünden und endlich die Speisen dadurch zuzubereiten, die sie vorher roh verschlucken mußten.«[12] Halten wir fest, daß das Rohe eine Tatsache der Natur, das Gekochte eine Tatsache der Kultur ist. Um seiner Beweisführung willen weiß Rousseau es zu vergessen. Kein Zweifel: bei dem Schweizer Denker läßt sich die Evolution auf alimentäre Weise lesen: vom Sammeln zum Fischfang und zur Jagd, vom Rohen zum Gekochten, von den Beeren zu rohem, dann zu zubereitetem Fisch und Fleisch. Das Verhalten ändert sich in dem Maße, wie die Ernährungsweisen aufeinanderfolgen. Von einer alimentären Genealogie des Realen.

Weiterhin stumm, wenn es zu erklären gilt, warum eine vollkommene und gute Natur dazu verurteilt ist, sich zur Unvollkommenheit und zum Bösen zu entwickeln, malt Rousseau ein hypothetisches Bild vom Ursprung der Zivilisation. Das Nomadentum weicht der Seßhaftigkeit, die Familie ersetzt den einzelnen Menschen. Die Gruppe ist geboren und mit ihr ein neuer Zugang zur Nahrung. Der Mann wird zum Instrument der Nahrungssuche, die Frau bleibt im Haus, hütet die Kinder und bereitet die Nahrung zu. Bei dieser primitiven Arbeitsteilung ist der Mann noch gelegentlich Nomade, das Weib zur absoluten Seßhaftigkeit verdammt. Die Gefühle entwickeln sich, die Sprache tritt in Erscheinung, die rationale Organisation der zwischenmenschlichen Beziehungen ist im Keim vorhanden. Die Ungleichheit naht. Die tragische Wende vollzieht sich mit der Erfindung der Erzbearbeitung und des Ackerbaus. Die ersten geschmiedeten Werkzeuge erlauben den Anbau von Gemüse oder Wurzeln rings um die Hütten.

Die Ernährung spielt in der Rousseauschen Ökonomie des Realen eine nicht zu vernachlässigende Rolle. Die mit der lebensnotwendigen Ernährung verbundenen Tätigkeiten unterstehen Kasten – den Menschen, welche die Erde bearbeiten. Während man hier das Werkzeug produziert, produziert man dort – mit Hilfe besagten Werkzeugs – den Unterhalt. Die einen sind in der Lage, Überflüssiges herzustellen. Der Wunsch nach Übermaß begründet die Ungleichheit. Der Wille zum Nahrungsreichtum ist das Ferment des Zerfalls, das in die Geschichte eindringt. Die Angst vor Nahrungsmangel ist das Prinzip des Negativen. In einer Ökonomie der Knappheit würde sich ein solches Problem nicht stellen. Die Logik des Mangels zieht einen Ausgleich mittels der Überproduktion nach sich, die es zu verwalten gilt, daher das Eigentum, die Vorratshaltung.

Der Hunger ist also die treibende Kraft des Realen: Er ist es, der die Tiere zum Kampf, zur gegenseitigen Zerfleischung drängt, er ist es, der die Menschen veranlaßt, ein ursprünglich vollkommenes Dasein zu komplizieren. Zwischen den unmittelbar von den Sträuchern gepflückten wilden Früchten und dem zahlreich erzeugten und gelagerten Gemüse liegt der ganze Weg, der vom Umherschweifen zur Verwurzelung führt. Die Nahrung des Nomadentums ist einfach, gesund, natürlich, ihre Tendenz ist die Naivität. Die Nahrung der Seßhaftigkeit ist kompliziert, künstlich, ungesund, ihre Tendenz ist die mutwillige Bearbeitung. Rousseau wird nicht müde, diese beiden Logiken einander entgegenzusetzen, um sich eine Wiederkehr der Nahrung des Ursprungs zu wünschen. Genau darin liegt der Sinn seiner erbitterten Kritik an der Gastronomie, der Wissenschaft des Überflüssigen, des Unnützen und des Luxus, Grund für die Dekadenz und Perversion des Geschmacks. Er geht soweit zu schreiben: »Nur die Franzosen verstehen nichts vom Essen, da es einer so besonderen Kunst bedarf, es ihnen schmackhaft zu machen.«[13] Was bedeutet für Rousseau, richtig zu essen?

Die Antwort ist einfach: Richtig essen heißt einfach und ländlich essen, nur solche Speisen akzeptieren, die keine oder nur eine minimale Zubereitung erfordern. Zur Veranschaulichung vergleicht Rousseau die Tafel eines Bankiers mit der eines Bauern. Das Mahl des Landmannes: das »Schwarzbrot (. . .) ist aus dem Getreide gemacht, das dieser Bauer geerntet hat; sein dunkler und einfacher Landwein, so gesund und erfrischend, ist Wein von seinem Weinberg«.[14] Die Unverfälschtheit wird signalisiert durch die Sparsamkeit der Transaktionen zwischen dem Ort, der die Lebensmittel hervorbringt, und dem Tisch, an dem sie verzehrt werden. Der Transfer vom Produzenten zum Verbraucher ist die einzige Operation, die geduldet werden kann. Man weiß nicht, wie die Mahlzeit des Geldmannes beschaffen war. Allenfalls kann man sie sich vorstellen, wenn Emils Erzieher eines Morgens seinem idealen Schüler folgende Frage stellt: »Wo werden wir heute essen? Vor diesem Gebirge aus

Silber, das drei Viertel des Tisches bedeckt, vor diesen Beeten voll Papierblumen, die man zum Dessert auf Spiegeln serviert? Zwischen diesen Frauen im üppigen Reifrock, die dich wie eine Marionette behandeln und möchten, daß du über Dinge redest, von denen du gar nichts weißt? Oder in dem Dorf, zwei Meilen von hier, bei braven Leuten, die uns mit solcher Freude empfangen und uns so gute Sahne geben?« Emil wählt das Richtige: Die »feinen Ragouts gefallen ihm nicht (. . .), aber er mag sehr gern gutes Obst, gutes Gemüse, gute Sahne und gute Menschen«.[15] Über die Speisenfolge erfährt man nichts, außer daß die Küche der Reichen sich besonders durch die Mühe auszeichnet, die sie erfordert, durch die Zubereitung, das Arrangement. Sie zeichnet sich weniger durch das aus, was sie ist, als durch das, was sie repräsentiert: die Sorge um Raffinesse, um eine harmonische Zusammenstellung.

Während Voltaire seine Schüler zu sich einlädt, um »einen getrüffelten Truthahn aus Ferney zu kosten, der zart ist wie ein Täubchen und fett wie der Bischof von Genf«, Rebhuhnpastete, Forellen in Sahne und feinen Wein[16], preist Rousseau die Vorzüge von Milchspeisen, Obst und Gemüse. Was die Inszenierung der Mahlzeiten angeht, so frönt er dem Ländlichen und huldigt den Freuden des Picknicks. Das Ideal besteht darin, die Mahlzeit »an einer sprudelnden Quelle« einzunehmen, »im grünen kühlen Gras unter Erlen – und Haselbüschen: (. . .) als Tisch und Stuhl diente der Rasen, die Ufer der Quelle als Anrichte, und der Nachtisch hinge in den Bäumen«.[17] Gleichsam der Garten Eden, das Ende des Notwendigen beim Mahle: das Ende von Tischen, Stühlen und anderen Gerätschaften.

Was die Tischgäste und das Personal betrifft, so schränkt Rousseau die Artigkeiten ein: »Jeder würde von allen bedient«, man würde den Bauern einladen, der vorbeikäme, seine Geräte auf der Schulter, auf dem Weg zur Arbeit. Ein diesmal gemeinschaftliches Eden. Der Philosoph schließt nicht aus, sich zu Hochzeiten in der Umgebung einladen zu lassen: »Man weiß, daß ich die Freude liebe, und lädt mich dazu ein.«[18] Die hübschen Lieder, die üblicherweise bei solchen Gelagen serviert werden, beleben das Fest . . .

In der Seele ein Plebejer, schreibt Rousseau in den *Confessions*: »Ich kenne noch immer kein besseres als ein ländliches Mahl. Mit Milch, Eiern, Gemüse, Käse, dunklem Brot und leidlichem Wein darf man stets sicher sein, mich köstlich zu bewirten.« Im Detail präzisiert er: »Meine Birnen, meine dicke Milch, mein Käse, meine Brotschnitten und ein paar Gläser eines schweren Montferrater Weines, der so dick war, daß man ihn fast schneiden konnte, machten mich zum Glücklichsten aller Prasser.«[19]

Als erfahrener Diätetiker, der bestrebt ist, den Menschen zum Teil mittels der Nahrung seinem Wunsch gefügig zu machen, weiß Rousseau, daß eine bestimmte Ernährungsweise einen bestimmten Menschenschlag hervorbringt. Er entwickelt die Idee in *La Nouvelle Héloïse*: »Ich glaube, daß man häufig einen Hinweis auf die Wesensart der Leute in der Wahl der Nahrungsmittel finden kann, die sie bevorzugen. Die Italiener, die viel Gemüse essen, sind verweichlicht, und ihr Engländer, die ihr große Fleischesser seid, habt in euren unbeugsamen Tugenden etwas Hartes, das an Barbarei grenzt. Der Schweizer, der von Natur kalt, friedfertig und einfach, aber im Zorn auch heftig und aufbrausend ist, liebt die beiden Arten von Nahrungsmitteln und trinkt zugleich sowohl Milch als auch Wein. Der geschmeidige und wechselhafte Franzose lebt von allen Speisen und kann sich allen Denkungsarten fügen.«[20] Dieser Idee – der Mensch ist, was er ißt – begegnet man in den *Confessions* wieder, wo Rousseau in der Vielfalt der Ernährungsweisen die Ursachen für die Vielfalt der Völker sieht. In seinem Willen, das Reale zu verwalten, gedachte der Philosoph, »eine äußere Lebensordnung aufzustellen, die, je nach den Umständen verändert, die Seele in einem Zustand erhalten oder hineinversetzen konnte, der für die Tugend am förderlichsten war«. Zu den hierfür wirksamen Bereichen gehören: die Himmelsstriche, die Jahreszeiten, die Töne, die Farben, die Geräusche, die Elemente, die Dunkelheit, das Licht, Lärm, Stille, Bewegung, Ruhe und natürlich die Nahrung – das, was Nietzsche die Kasuistik der Selbstsucht nennen wird –, denn »alles wirkt auf unsern Körper und folglich auf unsere Seele«.[21]

Gewünscht wird also eine Pädagogik der Nahrung. Der *Emile* ist der theoretische Ort, an dem diese Technik der Ernährung als Aufforderung zu einem neuen, gesunden, von den Schlacken einer dekadenten Zivilisation befreiten Gemeinwesen erarbeitet wird. Im Bemühen, die Theorie einer Pädagogik aufzustellen, die er aufgrund seines Entschlusses, seine fünf Kinder der öffentlichen Fürsorge zu übergeben, nicht in die Praxis umzusetzen vermochte, beginnt Rousseau, die Vorzüge des Stillens zu preisen – seitens der Mutter oder irgendeiner anderen Frau, vorausgesetzt, sie ist gesund. Die Milch ist das Nahrungsmittel schlechthin. Muß an ihre Symbolik erinnert werden? Gewiß nicht . . .

Die Natur versorgt das Kind mit dem, was es braucht, »da sie bei den Weibchen aller Gattungen die Konsistenz der Milch jeweils dem Alter des Säuglings angleicht«.[22] Die Nahrung der Armen soll gesund sein: Eine Bäuerin ist vorzuziehen, denn sie ißt »weniger Fleisch und mehr Gemüse als die Städterin; diese Pflanzendiät scheint eher vorteilhaft als nachteilig für sie und ihre Kinder. Haben sie Säuglinge aus der Bürgerschaft, so gibt man ihnen Fleischsuppe, weil man überzeugt ist, daß Suppe und Fleischbrühe ihnen mehr und bessere Milch geben. Ich teile diese Ansicht keineswegs, und die Erfahrung, die uns lehrt, daß solchermaßen ernährte Kinder eher Koliken und Würmer bekommen als andere, gibt mir recht.«[23] Als Argument führt der Autor an, daß das Fleisch, anders als pflanzliche Lebensmittel, leicht verdirbt: »Die Milch, obgleich sie sich im tierischen Körper entwickelt, ist eine pflanzliche Substanz. Ihre Analyse beweist es«[24], und der Philosoph führt dafür Argumente eines Chemikers an. Die Milch der pflanzenfressenden Weibchen hat Eigenschaften, die der Milch der fleischfressenden Weibchen fehlen: Sie ist süß, gesund und wohltuend. In seiner Apologie der Milchstraße preist Rousseau die Vorzüge der geronnenen Milch. Dabei stützt er sich auf Reiseberichte, in denen von Völkern die Rede ist, die ausschließlich von Milchspeisen leben. Zuletzt gerinnt die Milch im Magen und wird fest. Stets auf der Suche nach Beweisen bei den Wissenschaftlern schreibt Rousseau, daß die Lab, mit der man das Gerinnen hervorruft, aus Substanzen besteht, die dem Verdauungsmuskel entstammen. Der Beweis ist erbracht, daß die Milch ein Nahrungsmittel ist, und zwar das einfachste und natürlichste. Rousseau findet nichts Besseres, der Rest ist Surrogat.

Auf seinem Teller schätzt der Genfer Bürger insbesondere Milchspeisen. Er bekennt »ein köstliches kleines Mahl« aus Milchprodukten aus dem Jura: »Dickmilch mit Rahm, Céracée*, Waffeln und Gewürzbrot«, sowie zwei Teller Rahm. Der Philosoph kommentiert: »Milchkost und Zucker gehören zu den natürlichen Vorlieben des andern Geschlechts und sind gleichsam das Sinnbild der Unschuld und der Sanftmut, die seine anmutigste Zierde bilden.«[25] An anderer Stelle schreibt er über Julie: »... obgleich sie sich ihre Mahlzeiten schmecken läßt, liebt sie doch weder Fleisch noch Ragouts noch Salz und hat noch nie unvermischten Wein gekostet. Vortreffliche Gemüse, Eier, Rahm, Obst, darin besteht ihre gewöhnliche Nahrung.«[26] Die Frauen, die der Natur – also dem Wahren – näherstehen als die Männer, haben einen gesünderen, von der Zivilisation weniger verdorbenen Geschmack bewahrt. Vom Vorteil eines Weiberhasses wider den Strich ...

Der gesunde Geschmack ist der einfache Geschmack – der Geschmack der Frauen gegen den der Männer. Er steht den starken und kräftigen Würzen entgegen, an denen man nur gezwungenermaßen und aus Gewohnheit Vergnügen findet. Er steht auch den zusammengesetzten Speisen, dem Vermischten entgegen. Das wunderwirkende und emblematische Nahrungsmittel des Reinen, Gesunden, Wahren und Natürlichen ist die Milch. Alles anderes ist Verderbnis: »Unsere erste Nahrung ist die Milch; nach und nach gewöhnen wir uns an den Geschmack schärferer Substanzen; zunächst stoßen sie uns

---

* »Milchspeise, die auf dem Berge Salène zubereitet wird.« (Anm.v. Rousseau)

ab. Obst, Gemüse, Kräuter und schließlich ein wenig geröstetes Fleisch ohne Gewürz und ohne Salz waren Festessen für die ersten Menschen.«[27] Wasser und Brot vervollständigen diese gesunde Triade. Die Ablehnung des Salzes soll die Ablehnung der zu seiner Herstellung notwendigen Techniken bezeichnen, folglich die Ablehnung der Zivilisation, die Rousseaus eigentliche Obsession ist.

Der ungesunde Geschmack ist der zusammengesetzte, erarbeitete Geschmack. Und wir sehen, daß in den Augen des Philosophen alles zusammengesetzt ist, was nicht in seiner natürlichen Form verwendet wird. Natürlich gehören der Wein und die gegorenen Getränke zu diesen Erzeugnissen der Zivilisation: Gärung, Destillation, Veredelung. Allzu viele Operationen für Nahrungsmittel. Die Verwendung des Alkohols ist eine zivilisierte und keine eudämonistische Praxis: »Wir wären alle Abstinenzler, wenn man uns nicht schon in jungen Jahren Wein zu trinken gegeben hätte.«[31] Keine gegorenen Getränke also und auch kein Fleisch, denn »der Geschmack des Fleisches ist dem Menschen natürlich«. Den Beweis dafür sieht Rousseau in der »Gleichgültigkeit der Kinder Fleischgerichten gegenüber und ihrer Vorliebe für pflanzliche Nahrung wie zum Beispiel Milchspeisen, Gebäck, Obst usw.«[29] Darauf bedacht, diesen Hang zum Vegetarismus zu bewahren, den er bei Kindern für natürlich hält, schreibt Rousseau: »Es ist vor allem wichtig, diesen natürlichen Geschmack nicht zu verderben und die Kinder nicht vorzeitig zu Fleischessern zu machen«, wenn nicht um ihrer Gesundheit, so doch um ihres Charakters willen. Grausamkeit entsteht durch Fleischessen: »Die Schwerverbrecher härten sich durch das Trinken von Blut für das Morden ab.«[30] Als Beweis folgt ein seitenlanges Zitat von Plutarch, wo die Fleischesser mit Leichenzerstücklern verglichen werden – das Argument ist alt, Pythagoras war sein Verfechter.

Stets der Wissenschaft vertrauend, sucht Rousseau bei der Physiologie nach Argumenten für die Pflanzenkost: Die Beschaffenheit der menschlichen Zähne, Eingeweide und Mägen beweist, daß der Körper für nichtfleischliche Nahrung gemacht ist. Nun begeht Rousseau aber einen elementaren Fehler der Logik, genauer, der Kausalität. Wenn das Nahrungsmittel den Körper und das Sein hervorbringt, wie es der Genfer mehrfach behauptet, dann läßt sich daraus schließen, daß ein solches Tier über eine solche Physiologie verfügt, weil es Vegetarier ist, und nicht umgekehrt. Rousseau, der bei pflanzenfressenden Tieren die gleichen Zähne und Eingeweide erkennt wie bei den Menschen, schließt daraus, daß sie verwandt sind, nicht nur was die Pflanzenkost betrifft, sondern auch die Friedfertigkeit.

Rousseaus Gleichung ist einfach: kriegerische Fleischesser contra friedliche Vegetarier. In seiner Genealogie der Zivilisation erklärt er sogar den Übergang vom Stand des Pflanzenfressers zu dem des Fleischfressers zum Moment des Übergangs vom Stand der Natur zur Zivilisation. »Denn da die Beute fast der einzige Gegenstand ist, um den sich die fleischfressenden Tiere schlagen, die pflanzenfressenden Tiere hingegen in einem beständigen Frieden leben, so muß das menschliche Geschlecht, welches zu den letzteren gehört, notwendig in dem Stande der Natur viel leichter auskommen und weit weniger Notwendigkeit oder Anlaß gefunden haben, diesen Stand zu verlassen.«[31] Aber warum ist besagtes Geschlecht kulturell zum Fleischfresser geworden, statt natürlich Vegetarier zu bleiben, wenn die Natur in solchem Maße für Vollkommenheit sorgt? Weiterhin verwirrtes Schweigen seitens des Denkers ...

Ein anderer Beweis für das natürliche Vegetariertum der Menschen: Die Tierarten, die von Pflanzen leben, haben sehr viel weniger Junge als diejenigen, die sich von Fleisch ernähren. Die Menschen gehören zu denjenigen, die ihre Nachkommen am längsten austragen – der Beweis für ihre enge Verwandtschaft mit den Pflanzenfressern ist erbracht.

Wie läßt sich in Rousseaus Logik die Existenz von Völkern erklären, die rohes Fleisch essen, wenn doch die natürliche Bewegung gut ist, weil man der Dynamik des Instinkt vertrauen muß? In seinem *Essai sur l'origine des langues* fällt Rousseau über die Eskimo her – »das wildeste aller Völker«[32]. Wie sich mit einer Wildheit abfinden, folglich mit einer maximalen Nähe zur Natur, die sich durch Omophagie auszeichnet? Diogenes ist der einzig Konsequente, der zwar das Natürliche verteidigt, aber keinen logischen Fehler begeht: Er rechtfertigt den Kannibalismus und den Verzehr rohen Fleisches, alimentäre Praktiken am Ursprung der Menschhheit.

Bei seiner Kritik des Künstlichen nimmt er das Feuer aus: das prometheische Element schlechthin, das Symbol der Zivilisation par excellence wird von dem Philosophen akzeptiert: Er sieht darin ein Mittel, dem Auge, der Nase und, wegen seiner Wärme, dem Körper Vergnügen zu bereiten, die Menschen zu vereinen und die Tiere in die Flucht zu schlagen.[33] Dagegen geißelt er als größte Künstlichkeit die Rationalisierung der landwirtschaftlichen Produktion, die zu jeder Jahreszeit alle Früchte und Gemüse hervorbringt. Den vielen Treibhäusern stellt er den natürlichen Verlauf der Dinge entgegen: Jede Jahreszeit erzeugt die Nahrungsmittel, die ihr entsprechen. Sich auf nahezu göttliche Weise der natürlichen Bewegung eines Jahres entgegenstellen zu wollen heißt, das Irrationale zu erzeugen – und die mangelnde Qualität der Erzeugnisse: »Wenn ich im tiefsten Winter Kirschen und bernsteinfarbene Melonen hätte – mit welchem Genuß könnte ich davon kosten, da doch mein Gaumen weder befeuchtet noch erfrischt werden möchte? Wären mir schwerverdauliche Kastanien während der Glut der Hundstage angenehm? Soll ich sie, die aus der Hitze des Ofens kommen, der Stachelbeere, der Erdbeere und den erquickenden Früchten vorziehen, die die Erde mir mit soviel Fürsorge bietet?«[34] Hier ist die fixe Idee des Denkers am Werk: Er bewegt sich mitten in der Phantasie der Jungfräulichkeit, der Reinheit, der Friedfertigkeit. Auf der einen Seite die Vollkommenheit – Naivität, Unschuld, anfängliche Frische – und ihre archetypische Gestalt, der Bauer. Auf der anderen Seite das Unvollkommene – Verarbeitete, Komplizierte, Gemischte – und seine emblematische Gestalt, der Bürger. Die Natur gegen die Zivilisation, die Milch gegen das Ragout. Rousseaus Theorie der Nahrung ist spartanisch, es ist die Theorie der Entsagung, der Askese, der Klosterregeln. Sie bezeichnet einen gewissen Ekel vor sich selbst, eine Verachtung des Körpers – bereit, sich auf die ganze Menschheit auszudehnen –, die alle Diätetiker der Knappheit und des Mangels teilen, Leute, die eher im Verdacht stehen, ihre Anorexie zu pflegen, als sich um eine Gastronomie im Sinne einer auf Leichtigkeit und Genuß bedachten fröhlichen Wissenschaft zu sorgen.

Ist es verwunderlich, daß man in der Galerie der illustren Vegetarier berühmte Verehrer von Blut und frischem Fleisch antrifft? Zwei Beispiele für berühmte Pflanzenesser: Saint-Just, der ebenfalls vom Lakedämonismus besessen war. Eine Passage seiner *Fragments d'institutions républicaines,* in denen er selbstredend die Theorie der Freiheit aufstellt, ist der Ernährung der Kinder gewidmet. Auf dem Speisezettel: Brot, Wasser und Milchspeisen.[35] Zweiter berühmter Vegetarier: Adolf Hitler. Ist es dienlich, sich weiter darüber auszulassen?[36]

4

Kant oder der ethische Äthylismus

Als Immanuel Kant die Dreißig überschritten hatte, betrank er sich einmal in einer der Kneipen, die er hin und wieder aufzusuchen pflegte, so sehr, daß er seine Wohnung in der Magistergasse in Königsberg nicht wiederfinden konnte.[1] Jeden Abend spielte er Billard und Karten, jeden Mittag trank er ein Glas Wein. Niemals Bier. Er war ein erklärter Feind des preußischen Nationalgetränks, das er für ein »langsam tödliches Gift« hielt[2] und als die Hauptursache der Mortalität und . . . der Hämorrhoiden ansah. Sich Kant als Kneipengänger vorzustellen ist einigermaßen verblüffend. Der nüchterne, strenge Pietist, der schwierige und anspruchsvolle Philosoph war nichtsdestoweniger ein Trinker und ein so erfahrener Esser, daß sein Freund, Geheimrat von Hippel, ihm mehrmals scherzend sagte, »er werde doch noch über kurz oder lang eine Kritik der Kochkunst schreiben«.[3] Leider kam es zu keiner Kritik der gastronomischen Vernunft. Sogar dort, wo der Denker den Geschmack analysiert – in seiner *Kritik der Urteilskraft* –, räumt er der Nahrung keinen Platz ein.

Als er die Theorie der Sinne aufstellt, bestimmt er diejenigen, die höher und objektiv sind – Tastsinn, Gehör und Gesicht –, sowie diejenigen, die niedrig und subjektiv sind – Geschmack und Geruch.[4] Die Nase und der Gaumen sind die Organe der unedlen Funktionen, da »die Vorstellung durch dieselben (. . .) mehr die des Genusses, als der Erkenntnis des äußeren Gegenstandes« ist.[5] Beim Geschmack und Geruch erfolgt die Erkenntnis nicht auf allgemeine, sondern auf besondere Weise, in bezug auf ein Subjekt – daher die Verzerrungen der Wahrnehmung. Der Geschmackssinn besteht in »der Berührung des Organs der Zunge, des Schlundes und des Gaumens durch den äußeren Gegenstand«.[6] Zugegeben. Aber Kant versäumt es, die Einbildungskraft, das Gedächtnis und den Verstand in den komplexen Vorgang der Erzeugung eines Geschmacks und eines Geschmacksurteils einzubeziehen. Ohne ein Gedächtnis der Würzen, der Mischungen, ohne analytische und synthetische Einbildungskraft, ohne globales und besonderes Erfassen durch den Verstand kann von Schmecken keine Rede sein. Und Kant weiß es.

Der Geruch, so präzisiert er, ist weniger gesellig als der Geschmack, der »die Geselligkeit im Genießen befördert«.[7] Er ist gleichsam ein Vorgeschmack. Kant spricht von der »Annehmlichkeit in diesem Genusse«.[8] Gleichzeitig jedoch ist der Geruch eine einsame Logik. Riechen heißt dasselbe riechen wie alle Welt und zur gleichen Zeit: Es ist eine Notwendigkeit, denn »andere werden gezwungen, mit zu genießen, sie mögen wollen oder nicht, und darum ist er, als der Freiheit zuwider, weniger gesellig als der Geschmack, wo unter vielen Schüsseln oder Bouteillen, der Gast eine nach seiner Behaglichkeit wählen kann, ohne daß andere genötigt werden, davon mit zu genießen.«[9] So ist die Autonomie gewahrt und die

Geselligkeit um so größer: Weil der Geschmack eine einsame Logik ist, ist er der Sinn der Tischgemeinschaft.

Die Übung des Geschmacks ist einsam und subjektiv – » weil Lust oder Unlust nicht zum Erkenntnisvermögen in Ansehung der Objekte gehören, sondern Bedingungen des Subjekts sind, also äußeren Gegenständen nicht beigelegt werden können«.[10] Kant gibt denjenigen Sinnen den Vorzug, die ein allgemeingültiges Urteil erlauben, Voraussetzung für die Möglichkeit, zum Wahren, Guten und Schönen zu gelangen. Der Geschmack gestattet nur Werturteile in bezug auf den Schmeckenden, was einen Philosophen nicht zu befriedigen vermag, der sich mit einer Wissenschaft des Allgemeinen befaßt und sich wenig darum kümmert, eine Theorie des Besonderen aufzustellen, für das es keine mögliche Wissenschaft gibt. Schmecken und Riechen können nicht Gegenstand einer kritischen Theorie sein, deshalb kann Kant selbst keine Kritik der gastronomischen Vernunft ins Auge gefaßt haben – entgegen dem, was sein russischer Biograph Arsenij Gulyga versichert.

Die einzig mögliche Kritik in Sachen des Geschmacks ist diejenige, so meint der Philosoph, welche die höheren Empfindungen betrifft: Tastsinn, Gehör und Gesicht. Daher die Analyse der Geschmacksurteile in der dritten Kritik und ihre bevorzugten Gegenstände. Weisen wir jedoch auf Kants Mängel auf dem Gebiet der Kunst hin: Seine pikturalen Referenzen sind mager, seine Kenntnisse der Malerei beschränkt, seine Rückgriffe auf die Literatur nahezu inexistent und sein Verhältnis zur Musik schlechthin das eines Tauben, der Fanfaren liebt, wie Wasianski behauptet: »Rauschende Kriegsmusik prävalierte vor jeder anderen Art.«[11] Ein Konzert zu Ehren von

Moses Mendelssohn hatte ihm musikalische Geselligkeiten vergällt, und er zeterte, die Musik sei die Zeit nicht wert, die man ihr widmen müsse, falls man ihr huldige. Das Spielen eines Instruments halte von wichtigeren Dingen ab. Höchster Fehler in den Augen des Philosophen: Die Musik ist dazu verurteilt, nur sinnliche Gefühle auszudrücken, niemals Ideen. Daher sein endgültiges Desinteresse. Hüten wir uns vor tauben Philosophen . . .

Eine Kritik des alimentären Geschmacks ist also nicht möglich. Der Geschmack ist ein zu ungenauer Gegenstand für eine unbeständige Wissenschaft. Man hätte Kant erwidern können, daß Ungenauigkeit auch das Los der anderen Logiken des Geschmacks sei und daß sich keine Wahrnehmung einer objektiven Analyse unterziehen lasse – sei es eine visuelle, auditive, olfaktorische, gustative oder taktile. Das schließt freilich nicht aus, daß der Philosoph dennoch hier und dort einige Betrachtungen über die Nahrung oder das Getränk anstellt. Nicht zu vergessen Kants tüchtigen Appetit bei einer unzweideutigen Ernährungspraxis. Wenn ein Gericht ihm schmeckte, so berichtet Borowski, ließ er sich die Art der Zubereitung sagen. »K. liebte nicht gerade sehr komponierte Schüsseln, aber er forderte, daß vor allen Dingen das Fleisch (. . .) mürbe und gutes Brot und guter Wein (. . .) auf dem Tisch sein mußte. Das Eilen beim Essen, um nur bald aufzustehen, war ihm durchaus nicht lieb.«[12] Man muß sich Kant vorstellen, wie er zwischen zwei Seiten der *Kritik der reinen Vernunft* Rezepte abschrieb und sie seinem Diener Lampe gab, einem etwas einfältigen Menschen – wie alle aus den Kasernen gekommenen Soldaten –, der jedoch gehorsam war und darauf bedacht, die Mahlzeit, die Kant täglich für den nächsten Tag bei ihm bestellte, fristgerecht zuzubereiten.

Aus dem Zustand des Rausches, in dem wir ihn in den Jahren um 1760 zurückgelassen hatten, emportauchend, kommt Kant wieder zu sich und zieht aus dieser Erfahrung wahrscheinlich die entsprechenden Lehren, um eine Theorie der Trunkenheit aufzustellen. In der *Anthropologie in pragmatischer Hinsicht* wird sie definiert als »der widernatürliche Zustand des Unvermögens, seine Sinnesvorstellungen nach Erfahrungsgesetzen zu ordnen, so fern er die Wirkung eines übermäßig genommenen Genießmittels ist«.[13] Es ist auch ein körperliches Mittel, »die Einbildungskraft zu erregen oder zu besänftigen«.[14] Die Instrumente dieser göttlichen Alchemie sind »gegorene Getränke, Wein und Bier, oder dieser ihr geistiger Auszug, Branntwein«, die »alle aber widernatürlich und gekünstelt sind«.[15] Kant räumt ein, daß diese Techniken des Selbstvergessens es ermöglichen, einer rauhen Welt zu entfliehen – »die Last, die ursprünglich im Leben überhaupt zu liegen scheint, vergessen zu machen«.[16] Der Philosoph stellt die Theorie der erzielten Wirkungen auf: nächtliche Berauschung durch Branntwein, Aufreizung durch Wein, Sättigung durch Bier – alle diese Mittel »dienen zur geselligen Berauschung; wobei doch der Unterschied ist, daß die Trinkgelage mit dem letzteren mehr träumerisch verschlossen, oft auch ungeschliffen, die aber mit dem ersteren fröhlich, laut und mit Witz redselig sind«.[17] Bei der Beschreibung der Symptome der Trunkenheit, die er beobachten konnte – taumeln, lallen –, verurteilt Kant die Benebelung der Sinne in Ansehung der Pflichten gegenüber der Gesellschaft und gegenüber sich selbst, versäumt jedoch nicht hinzuzufügen: »Aber es läßt sich auch vieles zur Milderung des Urteils über ein solches Versehen, da die Grenzlinie des Selbstbesitzes so leicht übersehen und überschritten werden kann, anführen; denn der Wirt will doch, daß der Gast durch diesen Akt der Geselligkeit völlig befriedigt herausgehe.«[18] Gott weiß, daß es leichter ist, Fehler zu tolerieren, die man selbst einmal begangen hat! *Te absolvo.*

Bei der weiteren Analyse dieses göttlichen Trostes verbindet Kant den Rausch mit der Unbehutsamkeit, die er hervorruft: »Der Berauschte fühlt nun nicht die Hindernisse des Lebens, mit deren Bewältigung die Natur unablässig zu tun hat.«[19] Neben einschlägigen Tugenden – er löst die Zunge, öffnet das Herz – ermöglicht der Trunk auch die Entfaltung der Moral: »Er (. . .) ist ein materiales Vehikel einer moralischen Eigenschaft, nämlich der Offenherzigkeit. Das Zurückhalten mit seinen Gedanken ist für ein lauteres Herz ein beklemmender Zustand, und lustige Trinker dulden es auch nicht leicht, daß jemand bei einem Gelage sehr mäßig sei (. . .). Gutmütigkeit wird bei dieser Erlaubnis, die der Mann hat, der geselligen Freude wegen über die Grenzlinie der Nüchternheit ein wenig und auf kurze Zeit hinauszugehen, vorausgesetzt.«[18] Der Rausch befreit im Trinker einen anderen Menschen, löst eine zweite Natur, die keine Beziehung zur ersten Natur unterhält.

Wetten wir, daß Kants Trunkenheit besonders heiter war: Die Selbstbeobachtung wird ihm eine sachkundige Wahrnehmung erlaubt haben, und die Beobachtung der anderen wird ausreichend gewesen sein, seine Informationen zu vervollständigen. Die Vorstellung eines Kant, der durch die Straßen von Königsberg taumelt, entbehrt nicht des Reizes: Die Postulate der reinen praktischen Vernunft scheinen ohne Imperative auszukommen. Das Problem ist für den Denker nicht ganz so harmlos, wie man glaubt, da er der Logik der menschlichen Unmäßigkeit noch an anderer Stelle nachgeht. In der überaus ernsten *Metaphysik der Sitten*, Teil »Tugendlehre«, gibt Kant einem Artikel die Überschrift: »Von der Selbstbetäubung durch Unmäßigkeit im Gebrauch der Genieß- oder auch Nahrungsmittel«.[21] Diesmal wird der Getränkeexzeß mit dem Nahrungsexzeß in Verbindung gebracht; er ist ein moralischer Fehler und eine Verletzung der Pflichten wider sich selbst: »Die tierische Unmäßigkeit, im Genuß der Nahrung, ist der Mißbrauch der Genießmittel, wodurch das Vermögen des intellektuellen Gebrauchs derselben gehemmt oder erschöpft wird. Versoffenheit und Gefräßigkeit sind die Laster, die unter diese Rubrik gehören. Im Zustande der Betrunkenheit ist der Mensch nur wie ein Tier, nicht als Mensch, zu behandeln; durch die Überladung mit Speisen und in einem solchen Zustande ist er für Handlungen, wozu Gewandtheit und Überlegung im Gebrauch seiner Kräfte erfordert wird, auf eine gewisse Zeit gelähmt.«[22] Den Alkohol vergleicht Kant mit den Betäubungsmitteln und den Substanzen, welche die Weisheit, die Würde und die Selbstbeherrschung hemmen. Großmütig fährt er fort: »Die erste dieser Erniedrigungen (. . .) wird dadurch verführerisch, daß dadurch auf eine Weile geträumte Glückseligkeit und Sorgenfreiheit, ja wohl auch eingebildete Stärke hervorgebracht, Niedergeschlagenheit aber und Schwäche, und, was das Schlimmste ist, Notwendigkeit, diese Betäubungsmittel zu wiederholen, ja wohl gar damit zu steigern, eingeführt wird.«[23] Daher der Vorteil einer Berauschung durch das Wissen . . . Der Nachteil ist also die mangelnde Radikalität dieses Trostes: Man muß auf ihn zurückgreifen. Wenn nicht, so weist die Technik einige Vorteile auf, will man dem Philosophen Glauben schenken. Die Gefräßigkeit ist insofern noch schlimmer als die Trunkenheit, als sie »bloß den Sinn als passive Beschaffenheit und nicht einmal die Einbildungskraft, welche doch noch ein tätiges Spiel der Vorstellungen, wie im vorerwähnten Genuß der Fall ist, beschäftigt; mithin sich dem des Viehes noch mehr nähert.«[24]

In einem erläuternden Abschnitt, »Kasuistische Fragen«, fragt sich Kant, wenngleich nicht als Panegyriker, so doch wenigstens als Apologet, ob man dem Wein und seinen geselligen Eigenschaften einen Gebrauch gestatten kann. Die Techniken der Berauschung, welche die Isolation und das einsame Vergnügen befördern, werden radikal verurteilt. Der Alkohol weist einige Vorteile auf, wenn er die zwischenmenschlichen Beziehungen vereinfacht und zu ihrer Harmonisierung beiträgt. Der nüchterne Pietist räumt schließlich dem praktischen Eudämonisten das Feld: »Der Schmaus, als förmliche Einladung zur Unmäßigkeit in beiderlei Art des Genusses, hat doch, außer dem bloß physischen Wohlleben, noch etwas zum sittlichen Zweck Abzielendes an sich, nämlich viel Menschen und lange zu wechselseitiger Mitteilung zusammen zu halten: gleichwohl aber, da eben die Menge (wenn sie [. . .] über die Zahl der Musen geht) nur eine kleine Mitteilung (mit den nächsten Beisitzern) erlaubt, mithin die Veranstaltung jenem Zweck widerspricht, so bleibt sie immer Verleitung zum Unsittlichen (. . .).«[25] Der ganze Unterschied liegt in der Statthaftigkeit des Maßes, in der Erlaubnis eines Gebrauchs, der nicht Mißbrauch ist.

Konkret hatte Kant das Problem gelöst: Nachdem er lange Zeit zum Mittagessen in Gasthäuser gegangen war, hatte er beschlossen, öffentliche Orte zu meiden, um der Promiskutität der Begegnungen zu entgehen. Nach seinem Entschluß, die Mahlzeiten zu Hause einzunehmen, war er bestrebt, ein präzises Zeremoniell einzuführen, das es ihm erlaubte, nie allein zu essen, was er aus diätetischer Sicht für schädlich hielt. Eine Anekdote berichtet, daß Kant, als ihm einmal ein Gast fehlte, seinen Diener losgeschickt habe, der den erstbesten Passanten auf der Straße bitten sollte, sein Mahl mit ihm zu teilen. Im allgemeinen ließ er seinen Freunden am Morgen ein Billet zukommen, um sie von keiner anderen Gesellschaft abzuhalten. Der Koch bereitete zu, was der Philosoph tags zuvor bestellt hatte. R. B. Jachmann schreibt: »Er war so aufmerksam auf seine Gäste, daß er sich sogar ihre Lieblingsspeisen merkte und diese für sie zubereiten ließ.«[26] Seine Haushaltung war für sechs Personen eingerichtet, und er setzte Chestertons Regel in die Praxis um: nie mehr als neun Tischgäste – die Anzahl der Musen –, im allgemeinen aber drei oder fünf. Das Mahl zog sich bis vier oder fünf Uhr hin. Im Alter verzichtete Kant auf die Verdauungsspaziergänge am späten Nachmittag nach dem Essen und zog ein oder zwei Tassen Kaffee vor und rauchte die einzige Pfeife, die er sich am Tag genehmigte.

Seine Gäste waren immer dieselben. Auch wenn er mitunter Studenten empfing – damals fanden die Vorlesungen in der Wohnung des Professors statt –, waren die Stammgäste: ein künftiger Staatsminister, der Gouverneur von Preußen, ein Infanteriegeneral, ein Herzog, ein Graf, ein Kammerpräsident, ein Geheimrat, ein Bankdirektor und ein Kaufmann. Als Zeremonienmeister leitete der Philosoph die Gespräche, die stets Gemeinplätze sowie Kommentare zu seinen Arbeiten vermieden.

Das Mittagessen war die einzige Mahlzeit am Tag. Die vorherige – um fünf Uhr morgens – bestand aus ein bis zwei Tassen schwachem Tee, die er allein trank (die Anwesenheit seines zweiten Dieners störte ihn nach einem halben Jahrhundert der Anwesenheit des ersten so sehr, daß er keinen einzigen Tropfen herunterbrachte). Lange untersagte er sich den Kaffee, dessen Geruch er jedoch mochte. Erst im hohen Alter huldigte er ihm, um seine Tatkraft anzuregen, an der es ihm in seinen letzten Jahren mehr und mehr gebrach.

R. B. Jachmann erzählt: »Sein Tisch bestand aus drei Schüsseln, nebst einem Beisatz von Butter und Käse und im Sommer noch von Gartenfrüchten.« Er hatte einen starken Appetit; er liebte Kalbssuppe mit Reis, Graupen oder Haarnudeln. Er aß gebratenes Fleisch, aber niemals Wild. Im allgemeinen begann er mit Fisch. Fast jeder Speise fügte er Senf hinzu. Er mochte gern Butter und Käse, vor allem englischen Käse, auch wenn er behauptete, daß man ihn künstlich färbe. Waren viele Gäste anwesend, so ließ er Kuchen auftragen. Seine Lieblingsspeise war der Kabeljau. Er »versicherte eines Tages, als er schon völlig gesättigt war, daß er noch mit vielem Appetit einen tiefen Teller mit Kabeljau zu sich nehmen könnte. (. . .) Das Fleisch zerkaute er bloß, sog den Saft aus und legte das übrige auf den Teller zurück. Er suchte dies durch Brotkrusten zu bedecken (. . .).« Seine Zähne waren sehr schlecht und machten ihm große Sorgen. Er trank einen leichten Rotwein, gewöhnlich Medoc, von dem er und jeder Gast eine kleine Flasche vor sich stehen hatte; gewöhnlich wurde auch nicht mehr als diese geleert. Bisweilen trank er auch Weißwein, »wenn er den roten zu adstringierend fand«.[27]

Nach dem Essen nahm er gern »einen Schluck«, wie der Philosoph selber sagte, »der aus einem Glas Magenwein, Ungar, Rheinwein, oder auch in Ermangelung jener, aus Bischof bestand« – einem süßen und mit Orangenschalen erwärmten Rotwein.[28] Mit den Papierblättern, die er nicht für seine philosophischen Manuskripte verwendete, umwickelte er sein Glas, um die Wärme des Inhalts zu erhalten. Jachmann berichtet: »So kam er einst auf den Gedanken, ein Hauptnutzen beim Trinken bestehe in dem mit dem Getränk zugleich verschluckten Sauerstoff, weshalb er denn jedesmal beim Trinken den Mund weit öffnete (. . .).«[29] Dieses Ritual behielt er lange bei. Dann alterte Kant. Mit seiner Gesundheit war es ohnehin nicht gut bestellt: Sein Leben lang litt er an Magenbeschwerden. Man muß einräumen, daß sein Heilverfahren angemessen war: Ein paar bittere Tropfen am Vormittag hatten ihn von der Wirksamkeit einer solchen Arznei abgebracht, die rasch durch »einen Schluck Rum« ersetzt worden war, »bis auch dieser eines Tages ein Brennen im Magen zu erregen schien«.[30] Weder Tropfen noch Rum: Um fünf Uhr morgens überließ Kant viele Jahre lang seinen Magen der natürlichen Übersäuerung. Seine Verdauung war unregelmäßig. Die Treue und die Gewissenhaftigkeit der Biographen gehen so weit, daß man sogar Einzelheiten über Kants Verstopfung weiß. Die Freudianer würden sich freuen: vom Sphinkter und seiner Rolle bei der Entstehung der Kantschen Ethik . . .

Tatsächlich breitet Kant seine Natur wiederholt in

seinem Werk aus. Einer seiner Biographen sagt: »Es hat vielleicht noch nie ein Mensch gelebt, der eine genauere Aufmerksamkeit auf seinen Körper und alles, was diesen betrifft, angewandt hat als Kant.«[31] Im *Streit der Fakultäten* gesteht er in dem der Hypochondrie gewidmeten Kapitel: »Ich habe wegen meiner flachen und engen Brust, die für die Bewegung des Herzens und der Lunge wenig Spielraum läßt, eine natürliche Anlage zur Hypochondrie, welche in früheren Jahren bis an den Überdruß des Lebens grenzte.« Er fährt fort: »Die Beklemmung ist mir geblieben; denn ihre Ursache liegt in meinem körperlichen Bau. Aber über ihren Einfluß auf meine Gedanken und Handlungen bin ich Meister geworden, durch Abkehrung der Aufmerksamkeit von diesem Gefühle, als ob es mich gar nichts anginge.«[32] Kants Arbeit bezog sich insbesondere auf das, was er eine als »Kunst, Krankheiten abzuhalten« definierte Diätetik nennt, die der Therapie entgegenstehe, d. h. der Kunst, sie zu heilen. Ein Kapitel des Werks trägt die Überschrift: »Von der Macht des Gemüts, durch den bloßen Vorsatz seiner krankhaften Gefühle Meister zu sein.«

Die Hypochondrie, an der zu leiden er behauptet, wird in seinem Werk mehrfach definiert. In einem *Versuch über die Krankheiten des Kopfes* schreibt er: »Der Hypochondrist hat ein Übel, das, an welchem Orte es auch seinen Hauptsitz haben mag, dennoch wahrscheinlicher Weise das Nervengewebe in allerlei Teilen des Körpers unstetig durchwandert. Es ziehet aber vornehmlich einen melancholischen Dunst um den Sitz der Seele, dermaßen, daß der Patient das Blendwerk fast aller Krankheiten, von denen er nur höret, an sich selbst fühlt.«[33] An anderer Stelle sagt er, daß er »nicht selten seiner so wohl als der Welt überdrüssig« sei.[34] Und in dem Text, den er den Krankheiten des Kopfes widmet, siedelt er den Sitz dieses psychischen Leidens in den Verdauungsteilen an.[35] Man versteht die besondere Disposition, die er gegenüber den Trostmitteln und den stimulierenden Techniken des Selbstvergessens an den Tag legte. Der gestrenge Meister des kategorischen Imperativs ist ein pessimistischer Hypochonder auf der Suche nach einem wirksamen Trost.

So erarbeitet er ein »hygienisches System«, dessen Postulat lautet: Beherrsche deine Natur, sonst wird sie dich beherrschen. Die Prinzipien sind vielfältig: In bezug auf die Wärme empfiehlt Kant, die Füße kalt und den Kopf warm zu halten; in bezug auf den Schlaf rät er, wenig zu schlafen, denn das Bett sei das Nest einer Menge von Krankheiten; in bezug auf den günstigen Augenblick: zur rechten Zeit denken – niemals bei Tisch –, die Tätigkeiten des Magens mit denen des Geistes stets in Einklang bringen, zur rechten Zeit mit fest geschlossenen Lippen atmen – zur »Hebung und Verhütung krankhafter Zufälle« – sowie andere pittoreske Einzelheiten.

In bezug auf die Ernährung sei es ratsam, seinen Appetit zu befragen, einen alimentären Stundenplan einzuhalten, zuviel Flüssiges – Suppen – zu meiden und, mit fortschreitendem Alter, »derbere Kost und anreizendere Getränke (z. B. Wein)« vorzuziehen, »um die wurmförmige Bewegung der Gedärme (. . .) zu befördern« und die »Blutbewegung im Umlauf zu erhalten«.[36] Der Anwandlung des Appetits zum Wassertrinken nicht sofort nachzugeben. Nur eine Mahlzeit am Tag einzunehmen, am Mittag, um die Operation der Gedärme zu erleichtern: »Auf solche Weise kann man den Anreiz zum Abendessen, nach einer hinreichenden Sättigung des Mittags, für ein krankhaftes Gefühl halten, dessen man durch einen festen Vorsatz so Meister werden kann, daß auch die Anwandlung desselben nach gerade nicht mehr verspürt wird.«[37] Damit veranschaulicht Kant die Idee, der zufolge der »Stoizismus, als Prinzip der Diätetik (sustine et abstine) (. . .) nicht bloß zur praktischen Philosophie, als Tugendlehre, sondern auch zu ihr als Heilkunde [gehört]. Diese ist alsdann philosophisch, wenn bloß die Macht der Vernunft im Menschen, über seine sinnlichen Gefühle durch einen sich selbst gegebenen Grundsatz Meister zu sein, die Lebensweise bestimmt.«[38] Mit der Philosophie versöhnt, erwirbt die Diätetik ihre Adelstitel: Sie wird verstanden als Argument für eine Wissenschaft der körperlichen Weisheit.

Ausgezehrt, »zuletzt vertrocknet, wie eine Scherbe«[39], beschwert sich Kant über die Süßigkeit des sauren Kohls, während er in Wirklichkeit süße Pflaumen verzehrt, nimmt schon ziemlich angefaultes – da mürberes – Fleisch zu sich, zerkaut es lange, um ihm den Saft zu entziehen, ersetzt die Gabel durch einen Teelöffel und füllt seine Briefe an Kiesewetter mit Rübenbestellungen. Achtzigjährig, den Gewinn einer weisen Diätetik einstreichend, beschließt Kant sein Leben in aller Gemächlichkeit, wie ein freilaufendes Rad. 1798 hatte er geschrieben: »Dahin führt die Kunst, das menschliche Leben zu verlängern: daß man endlich unter den Lebenden nur so geduldet wird, welches eben nicht die ergötzlichste Lage ist.«[40] Sich selber treu, Butterbrot essend – für das er in seinen letzten Tagen eine heftige Begierde entwickelt hatte –, wird er, mit abgestumpftem Geschmack und erloschenem Appetit, als er auf seinem Teller kleine unregelmäßig zerschnittene Obststücke vorfindet, ausrufen: »Figur, bestimmte Figur . . .«[41]

5

Fourier oder das Drehpunkt-
pastetchen

Selten ist der Wille, das Reale zu verändern, offenkundiger gewesen als bei Charles Fourier, dem erstaunlichen Poeten der sozialen Utopie. Sein Werk gilt dem Entwurf einer neuen Welt. Seine Arbeit bestand darin, einen beispiellosen, vom Zufall befreiten Lebensstil zu erfinden. Die Fouriersche neue Ordnung setzt die Segmentierung voraus, den Platz, die Situation, die Bezifferung und den Namen. Mit ihm verwirklicht sich, zumindest theoretisch, das kartesianische Projekt in seinen absolutesten und üppigsten Formen: sich zum Herrn und Meister der Natur zu machen.

Das von diesem Philosophen, der angeblich niemals lachte, vorgestellte System spart kein Detail des Realen aus: Das Klima wird ebenso revolutioniert werden wie die menschliche Morphologie. Der Übergang vom Stand der Natur zu dem der Harmonie wird es ermöglichen, die Körpergröße des sozietären Menschen auf mehr als vier Meter sechzig anwachsen zu lassen. Ebenso wird in der kombinierten Ordnung »die mittlere Lebensdauer hundertvierundvierzig Jahre betragen«.[1] Der Eingriff in den Lauf der Gestirne wird die Entstehung eines dritten Geschlechts zur Folge haben. Das Klima wird verändert:

Hitze und Kälte werden vertauscht, die Jahreszeiten verbessert, das Mikroklima beherrscht. Was die Geographie angeht, so sah Fourier die Verlagerung der Kontinente voraus, wodurch Südamerika mehr nach Norden und Afrika mehr nach Süden rücken würde. Gewissermaßen eine Tektonik der dem menschlichen Willen gehorchenden Platten. Desgleichen würden die Städte versetzt. Im Eifer des Gefechts würden auch die Planeten verschoben. Am Ende dieser Epochen einer »Regeneration unserer Rasse«[2] wären die Menschen im Besitz eines »Überarms«, eines ornamentalen und vervollkommneten Gliedes, Erkennungszeichen der arbeitsamen, im Effizienten wirkenden Menschheit. Dieser Appendix wird aus dem Körper wachsen, empfindlich sein wie ein Elefantenrüssel und als Fallschirm dienen können. Zur Kennzeichnung dieses neuen Gliedes spricht Fourier von einer »mächtigen Waffe«, einem »herrlichen Schmuck«, von »gigantischer Kraft« und »unendlicher Geschicklichkeit« . . .[3]

Auch die menschlichen Beziehungen sind von dieser Logik des Neuen nicht ausgenommen. Pfui über die bürgerlichen Ehepaare, über die Heiraten, die nichts als Heuchelei und Ehebruch mit sich bringen, pfui über die ausschließende, unvollständige klassische Sexualität, die nach der wirtschaftlichen Produktionsweise ausgerichtet ist. Die Fouriersche Harmonie wird die sexuellen sowie alle anderen Beziehungen umgestalten. *Le Nouveau Monde amoureux* präsentiert alle diesbezüglichen Pläne des Philosophen: In bunter Folge schreibt er über die Hahnreie – deren dreiundsechzig Spielarten er hierarchisiert (vom präsumptiven bis zum chronischen, vom ramponierten bis zum Packesel, vom verständigen bis zum strauchelnden) –, geißelt die Häßlichkeit der Liebe in der Zivilisation und fordert dazu auf, alle Verbote zu übertreten. Schrittweise – aus Rücksicht auf empfindsame Gemüter – wird man die Praxis des Inzests[4] oder der Orgie gestatten – »ein natürliches Bedürfnis des Menschen«.[5] Ganz besondere Sorgfalt gilt all denjenigen, die von der Sexualität ausgeschlossen sind, um sie in die neue sexuelle Ordnung zu integrieren: Bisexualität, Gerontophilie und Pädophilie werden institutionalisierte Praktiken sein.

In der Tat ist das Fouriersche Prinzip um so einfacher, je komplizierter die Beweisführungen werden: Es gilt, die Wünsche freizusetzen, den Trieben freien Lauf zu lassen, dem Imaginären die Herrschaft über das Reale zu gestatten, mit einem Wort, seine Wünsche für Wirklichkeit zu nehmen. Fourier schreibt: »Untersuchen wir also, wie man die Leidenschaften entwickeln, und nicht, wie man sie unterdrücken kann. Dreitausend Jahre wurden töricht mit Versuchen repressiver Theorie vergeudet: Es ist an der Zeit, umzuschwenken und zu erkennen, daß der Schöpfer der Leidenschaft mehr über sie wußte als Platon und Cato; daß Gott alles, was er machte, gut machte; daß er die Leidenschaften nicht geschaffen hätte, wenn er sie für schädlich und eines allgemeinen Gleichgewichts für untauglich gehalten hätte, und daß die menschliche Vernunft, statt diese unbezwingbaren Mächte, die man Leidenschaften nennt, zu kritisieren, besser daran getan hätte, ihre Gesetze in der Synthese der Anziehung zu studieren.«[6] Fourier entlehnt den Begriff der »Anziehung« Newtons Physik: Sie scheint ihm das Reale als »göttliche Triebkraft«[7] zu erklären, der die Menschen unterworfen sind.

Die von Fourier gewollte Ordnung ist die Harmonie – auch sozietäre Ordnung oder kombinierte Ordnung genannt –, die er der Zivilisation entgegenstellt. Auf dem Weg von der Zivilisation zur Harmonie wird die soziale Welt den Garantismus und den Sozialismus durchlaufen. Diese zusammengesetzten oder aufsteigenden Serien werden fünfunddreißigtausend Jahre dauern und in eine »pivotale«* Periode von achttausend Jahren einmünden. Nicht einmal die Genesis hat einen solchen teleologischen Garten Eden zu beschreiben gewagt, der die Eigenschaften der reinen Vollkommenheit besitzt. In dieser Ökonomie des idealen Werdens kommt der Gastronomie eine ganz besondere Macht zu.

Fouriers Absicht besteht darin, »die allgemeine Gefräßigkeit zu organisieren«[8], die Feinschmeckerei zu verwalten, die eine allen Altersklassen, allen Geschlechtern und allen Gesellschaftskategorien gemeinsame Leidenschaft ist. Sie herrscht, wie Fourier in der *Théorie de l'unité universelle* schreibt, »sogar beim Philosophen, der die Liebe zur Brotsuppe predigt, sogar beim Prälaten, der auf der Kanzel gegen die Tafelfreuden wettert«.[9] Über die Improvisation und das Inadäquate hinaus will der Theoretiker der Harmonie »diese Freuden gemäß den Zweckmäßigkeiten des sozietären Staates«[10] betrachten und treibt die Rationalisierung auf die Spitze. Seite um Seite schält sich nun eine merkwürdige Alchemie heraus, die nachweist, daß die zum Äußersten getriebene Vernunft das Irrationale erzeugt samt ihrem verlockenden, zu einer Poetik kristallisierten Gefolge. Nichts ist stärkender als dieser souveräne Wahn, der dafür

---

* von »pivot« – Drehpunkt (Anm.d.Ü.)

sorgt, daß Zahlen, Wörter, Ideen und Bilder zu den synthetischen Zwecken einer Ernährungsweise einander berühren.

Diese »neue hygienische Weisheit« zielt darauf ab, den »Appetit des Volkes in ausreichendem Maße zu erhöhen, damit es die Unmenge an Lebensmitteln verzehren kann, welche die neue Ordnung liefert«. Sie ist die »Kunst, Gesundheit und Kraft zu steigern«.[11] Zeichnet sich die Zivilisation durch eine Ökonomie der Knappheit und des Mangels aus, so erfreut sich die Harmonie einer Ökonomie des Überflusses und der Fülle. Der Mangel wird zugunsten einer zweckmäßigen Produktion verabschiedet, die den Bedürfnissen der sozietären Ordnung gerecht zu werden vermag.

Die produktive Logik der Zivilisation ist willentlich blind: Sie verkennt vorsätzlich die Nachfrage sowohl in ihren qualitativen wie in ihren quantitativen Formen. Wo die Modernen nur die Kluft zwischen unangemessenem Angebot und nicht befriedigter Nachfrage feststellen können, haben die Harmonischen die Qual der Wahl: »Der Überfluß wird zeitweilig zur gleichen Geißel werden wie heute der Mangel.«[12] Und »um den Konsum ihres Überflusses zu sichern, werden sie gezwungen sein, sich mit den individuellen, je nach den Temperamenten unterschiedenen Gepflogenheiten im einzelnen zu befassen; eine Theorie, die das Zusammenwirken von vier Wissenschaften erheischt: Chemie, Landwirtschaft, Medizin und Kulinarik«.[13] Die Verwaltung dieser Produktion obliegt einer besonderen Kategorie von Gelehrten: den Gastrosophen.

Der Gastrosoph ist in erster Linie ein Greis: Er ist über achzig Jahre alt und hat zu wiederholten Malen sein

Können in den verschiedensten Bereichen seiner Disziplin unter Beweis gestellt. Als Diätetiker, Landwirt, Arzt, Weiser und erfahrener Vorschmecker ist er es, der auf dem Gebiet der Nahrung bei den zu diesem Zweck vorgesehenen Konzilien entscheidet.[14] »Die Gastrosophen (. . .) werden zu diensteifrigen Ärzten jedes Individuums, zu Bewahrern seiner Gesundheit mittels des Vergnügens: Es geht um ihre Eigenliebe, die will, daß das Volk in jeder Phalange für seinen Appetit und seinen ungeheuren Verzehr berühmt sei.«[15] Diese Weisen verwalten den Überfluß und gestalten die Ernährung der Mitglieder nach eudämonischen Prinzipien: Die Nahrung soll angenehm, leicht und dazu angetan sein, den Wunsch in seiner zyklischen Form aufrechtzuerhalten. Die Gesundheit und das Vergnügen sind die beiden Ziele, auf die sich ihr Wirken richtet. Sie bemühen sich, die Speisen sinnvoll auf die Temperamente der Individuen abzustimmen.

Am anderen Ende der Alterspyramide machen sich die Kinder zu schaffen, denen Fouriers besondere Aufmerksamkeit gilt. Er weiß um ihre Leidenschaft für die Nahrung und wünscht eine Pädagogik des Begehrens von den ersten Augenblicken des Lebens an. Im Vokabular des Utopisten geht es darum, einen Drehpunkt des Kults für die Kinder zu bestimmen. Dazu befragt er die Betroffenen: »Was ist ihre beherrschende Leidenschaft? Ist es die Freundschaft? Der Ruhm? Nein, es ist die Feinschmeckerei; bei den kleinen Mädchen scheint sie schwach ausgeprägt: weil die Zivilisation ihnen nicht die ihrem Alter und Geschlecht angemessenen Speisen liefert. Beobachtet die Neigungen von hundert Knaben, und ihr werdet sehen, daß sie alle geneigt sind, ihren Magen zu vergöttern, und wie sehr die Väter in diesem Punkt den Kindern nacheifern. Wenn daher die Harmonie für die Kinder einen Kult der Feinschmeckerei einrichtet, darf man vermuten, daß die Väter bereitwillig zu beiden Fahnen eilen und dem Kult der Liebe den der guten Küche hinzufügen werden, der ausschließlich den Kindern gilt.«[16] Die Feinschmeckerei wird zur Achse, auf der sich das Soziale bewegen wird. Gegen den zivilisierten Zustand und seine abscheulichen unreifen Früchte wird Fourier das Gezuckerte legitimieren. Die Zivilisation ist nicht allein durch den Mangel gekennzeichnet, sondern auch durch die Säure. Demzufolge wird sich die Harmonie durch den Überfluß und das Gezuckerte auszeichnen. Was den Fourierschen Plan erklärt, am Ende der Entwicklung der sozietären Welt das Meer in eine weite Fläche aus Limonade zu verwandeln. Die harmonische Wahrheit ist sirupös: »Feine Marmeladen, gezuckerte Cremes, Limonaden usw. (. . .) werden das billigste Nahrungsmittel der Kinder in der neuen Gesellschaft sein.«[17] Das Prinzip dieser gastronomischen Neuheit lautet: »Die Frucht in Verbindung mit Zucker muß das Brot der Harmonie werden, die Grundlage der Nahrung bei den reich und glücklich gewordenen Völkern.«[18] Die Cherubins werden mit Kompotts und Marmeladen großgezogen, zusammengesetzten und harmonischen Mischungen aus Zucker und Früchten, Erzeugnissen der beiden Anbaugebiete des Globus.

Die alimentäre Erziehung der Kinder wird auf systematische und überlegte Weise erfolgen: Schon sehr früh werden sie »gastronomischen Debatten über die Zubereitung der Speisen« beiwohnen und diese später auch kosten, um Theorie und Praxis miteinander zu verbin-

den. »Es genügt (. . .), die Kinder der Anziehung zu überlassen; sie wird sie zunächst zur Feinschmeckerei drän-
gen, zu kabalistischen Spielen über die Geschmacksnu-
ance; sind sie in diesem Punkt in Leidenschaft geraten, so
werden sie sich auf die Kochkunst verlegen, und in dem
Augenblick, wo die graduierten Kabalen dem Verzehr
und der Zubereitung gelten, werden diese sich schon am
nächsten Tag auf die Arbeiten der tierischen und pflanz-
lichen Produktion erstrecken, Arbeiten, bei denen das
Kind kraft der Kenntnisse und Ansprüche, die sowohl
bei Tisch wie in der Küche erblüht sind, kochen wird.
Dies ist das natürliche Ineinandergreifen der Funktionen.«[19] Auf diese Weise kommen die Kinder nach und
nach mit allen Teilen in Berührung, aus denen diese neue
Wissenschaft der Gastrosophie besteht.

Dank dieser Methode »ist ein zehnjähriges Kind in
der Harmonie ein vollendeter Gastronom, imstande, den
gastronomischen Orakeln von Paris Lektionen zu ertei-
len«.[20] Fourier mag diejenigen nicht, die sich in der Zivilisation auf dem Gebiet der Ernährung als Gelehrte auf-
spielen. Er widerlegt die Prätentionen der Gastronomen
der Hauptstadt und nennt sie »Mißgeburten, die nicht
einmal die Grundbegriffe der Wissenschaft kennen, die
zu lehren sie vorgeben«.[21] In der sozietären Ordnung
gibt es keine Kasten, die eifersüchtig ihre künstlich ge-
schaffenen Vorrechte hüten: Die Küche demokratisiert
sich, desgleichen das gastronomische Wissen, die sachkundige und ästhetische Zubereitung der Speisen wird
»mehr oder weniger eine Wissenschaft aller«.[22]

Als didaktisches Prinzip schon im Kindesalter ist die
Gastronomie auch bei den Erwachsenen ein wichtiger
Teil einer verallgemeinerten Ökonomie des Sozialen. Sie

erhält den hohen Rang einer Drehpunktwissenschaft: »In der societären Ordnung ist die Feinschmeckerei eine Quelle der Weisheit, des Lichts und sozialen Einvernehmens«[23], sie ist auch »die wichtigste Triebkraft für das Gleichgewicht der Leidenschaften«[24]. Um die Gastronomie in ihrem legitimen Anspruch, das Soziale zu lenken, zu bestätigen, ordnet Fouriers Technik das Gastronomische dem Religiösen unter.

Das Mittel, das der Philosoph wählt, um den fröhlichen und rechten Gebrauch der Nahrung wirksam zu bekräftigen, ist die »Anwendung des religiösen Systems auf die Raffinessen der guten Küche«.[25] Fourier spinnt die religiöse Metapher aus, führt den Begriff der gastrosophischen Orthodoxie ein und erläutert die »höhere Heiligkeit«. Letztere Eigenschaft wird durch ein Diplom anerkannt; sie zeichnet diejenigen aus, denen es auf einem gastronomischen Konzil gelungen ist, Prägnanz einer Verbindung zwischen einem Gericht und einem Temperament nachzuweisen. Die »höheren Heiligen« haben die Aufgabe, »die potentielle Zubereitung jeder Speise gemäß ihren Graden« zu bestimmen.[26] Weniger prosaisch ausgedrückt: Sie analysieren die Modalitäten der Verwendung des Eies, seiner Soßen, seiner Beilagen und der aus der Sicht bestimmter Temperamente möglichen Zubereitungen. Desgleichen unterziehen sie ihrem Scharfblick die Pilze oder die Paarung von Erdbeeren und Sahne. Wahrscheinlich entschlossen, seine Worte zu veranschaulichen, schreibt Charles Fourier: »Ich werde mich hier nicht damit aufhalten, die Methoden zu beschreiben, deren sich die Konzile bei ihren Debatten bedienen, auch nicht die Art und Weise, wie die Debatte zwischen den wetteifernden Bewerbern verläuft, die eine bestimmte Zubereitung einem bestimmten Temperament als angemessen vorschlagen und dies durch eine Fülle von Praktikern belegen, zum Beispiel um anzugeben, wann Erdbeeren mit Sahne zuträglich sind. Es gibt ein sehr einfaches Mittel, nämlich in jedem Strudel des Globus zu beobachten, welchen Rang in der leidenschaftlichen und materiellen Stufenleiter derjenige innehat, der diese bizarre Mischung am besten verdaut; er wird das Drehpunkttemperament der Erdbeere mit Sahne sein.«[27] Offensichtlich . . .

Das gastrosophische Konzil erlaubt es also, einige Speisen orthodox zu nennen. Es ist eine große Ehre für den Gastrosophen, wenn er für würdig befunden wird, eine zutreffende Verbindung zu bestimmen. Die Auszeichnungen sind hierarchisiert: Die Heiligen gehören zu einer der drei folgenden Kategorien: »Orakelheilige oder Theoretiker, die darin erfahren sind, die Zusammenstellung einer Speise zu beurteilen, die ein jedes Temperament in jeder Phase oder Konstellation verzehren muß«, oder »Konditor-Heilige oder praktizierende Köche, die fähig sind, die Speisen in strenger Übereinstimmung mit den Kanons der Konzilien zuzubereiten«, oder »gelehrte Heilige oder gemischte Kritiker, beratende Experten in der einen und der anderen Funktion«.[28]

Alle Orthodoxien setzen Schismen, Häresien voraus. Normalerweise werden diese Abweichungen im Keim erstickt – durch das Wort und die Gegenüberstellung der Ergebnisse: Das Zeugnis der alimentären Tatsache ist ein hinreichender Beweis für die gastrosophische Prägnanz einer Speise. Wenn nicht, so räumt Fourier im Namen der in der Harmonie herrschenden Freiheit ein, daß es durchaus lokale Häresien geben kann, in denen atypische, geographisch begrenzte Verbindungen praktiziert werden, die sich mit den gastronomischen Wahrheiten aufs Beste vertragen. Vom alimentären Ökumenismus.

Die liberale Praxis der Konzilien schließt den Rückgriff auf Kriege und Schlachten nicht aus. Als Theoretiker und Stratege weiß Fourier, daß die Gastronomie die Fortsetzung der Politik mit anderen Mitteln ist. Fouriers Polemologie beschränkt sich auf die Nahrung. Der Kampf gilt der Bestimmung der »feinen Geschmäkker«.[29] Namentlich besessen ist der Philosoph von den *mirlitons**, den Pastetchen und den Kürbissen. Letztere verabscheut er ganz besonders, desgleichen schlecht gebackenes Brot, dessen Teig voll Wasser ist. »Wären die Pariser in der Gastronomie keine Vandalen«, so schreibt er in *Le Nouveau Monde industriel et sociétaire*, »dann hätte sich die große Mehrheit von ihnen gegen diese merkantile Frechheit erhoben und eine ausreichende Backzeit gefordert; aber man redet ihnen ein, das sei die feine englische Art, die aus England kommt.«[30] Weiterhin anglophob, kritisiert er die Mode, die verlangt, daß man »halbrohes Fleisch mit nach hinten gebogener, fast nicht zu handhabender Gabel ißt«. Desgleichen wettert er gegen das Verbot, mittags nationale Speisen zu essen, denen man den Tee vorzieht – eine »Schändlichkeit«, eine »Droge, mit der die Engländer sich notgedrungen abfinden, weil sie weder guten Wein noch gute Früchte haben, es sei denn zu enormen Kosten«.

Fourier ist unzufrieden. In der Zivilisation erfolgt die Auswahl der Speisen durch Mimesis, ein Tribut an die Mode, den Zeitgeist. Das Wesentliche wird vergessen:

---

* Mit Creme gefülltes, gerolltes Gebäck (Anm.d.Ü.)

---

die Hygiene, das Vergnügen und die moralische Wirksamkeit der Lebensmittel. Die List regiert, wo das klare Urteil entscheiden müßte. Beharrlich kritisiert der Philosoph die nutritiven Praktiken der Epoche. Nach den Angelsachsen schmäht er die Italiener wegen ihrer Fadennudeln – »ranziger Kleister« – und beklagt deren Beliebtheit. Doch letztlich freveln die Pariser am meisten, denn sie sind es, welche die Dekadenz zulassen: Sie machen sich die fremden Gerichte zu eigen, verfälschen ihre Nahrungsmittel, erhitzen ihr Fleisch »durch die Parforceritte des Tieres, das der Händler eine Etappe überspringen lassen will«.[31] Die Bauern wissen nicht mehr, wie man Vieh züchtet und gesundes Gemüse erzeugt. Die Barbarei ist so groß, daß »ein fünfjähriges, in der Harmonie erzogenes Kind beim Diner eines sogenannten Gastronomen aus Paris fünfzig schockierende Fehler fände«.[32] In der sozietären Ordnung ist diese Art Fehler ausgeschlossen. Die Entscheidung für eine Speise erfolgt durch gastronomische Billigung oder alimentären Krieg.

Diese sonderbaren Kämpfe schildert Fourier im einzelnen. Das Ziel ist, »die Vollkommenheit noch der geringsten Speise in all ihren Varianten zu bestimmen«.[33] Sodann ermöglichen sie es, ein Land zu befördern und es unter den besten zu küren: Es gibt, so schreibt der Philosoph, »Nationen, die für ihre Omeletts berühmt sind«.[34] Die Truppen bereiten ihre Gerichte zu, und eine Jury kostet sie, um einen Sieger zu ermitteln. Der Kampf wird mit »den Pastetchen, verschiedenen Omeletts und süßen Cremes geführt«.[35] Es fehlt nicht an genauen Angaben. In den Küchen wird lediglich »das Streitobjekt zubereitet, das über den Ruf der Reiche entscheiden wird und auf das sich alle Sorgfalt konzentrieren muß«.[36]

Möglichen Lästerern zuvorkommend, verteidigt Fourier seine polemologischen Prinzipien: »Anfangs wird man diese Schlachten um den Sieg der süßen Cremes oder der Pastetchen für Kindereien halten; darauf könnte man erwidern, daß diese Debatte nicht lächerlicher sein wird als diejenigen unserer Religionskriege um die Transsubstantiation und andere derartige Streitigkeiten.«[37] Selbstsicher geht er weiter ins Detail. Der Krieg ist eines der Mittel, die Vorzüglichkeit einer alimentären Hygiene für die Bewohner der Harmonie zu bestimmen. Es gilt, die Vollkommenheit zu finden, die imstande ist, die Vollkommenheit zu erzeugen und aufrechtzuerhalten.

Die ersten Zusammenstöße erfolgen mit bekannten Speisen. Keine Überraschung. Die Geheimwaffen, die endgültigen Argumente, die die Entscheidung bringen sollen, sind den letzten Augenblicken vorbehalten. Das Schmecken beginnt. Der Kampf tobt. Die Bilanz der Truppen und der Modalitäten des Feuers ziehend, zählt der Vater der Harmonie auf: »Hunderttausend Flaschen Schaumwein vom Ufer des Tigris, vierzigtausend Stück Geflügel, nach neuen Methoden gegart, vierzigtausend Eieraufläufe, hunderttausend Punchs gemischter Ordnung gemäß den Konzilien von Siam und Philadelphia«, usw.[38] An anderer Stelle führt er das Geräusch von dreihunderttausend Flaschenkorken ein[39], die man zur gleichen Zeit knallen läßt, und verbucht die dabei aufgetragenen Gerichte.

Tatsächlich wird der Kampf durch die Pastetchen entschieden, gleichsam eine Geheimwaffe. Eine Million sechshunderttausend waren hergestellt worden. Fourier gesteht, aus welchen Gründen er gerade dieses Gericht ausgewählt hat: »Ich wählte diese Speise, da ich Grund habe, den Zivilisierten ihre Unfähigkeit in dieser Sache vorzuwerfen; ich mag die Pastetchen sehr und muß sie mir versagen, weil ich sie nicht verdauen kann, was anders wäre, wenn unsere Köche sie für verschiedene Temperamente zuzubereiten, unter bestimmte Arten Würzen und Essig zu mischen verstünden, die jedem Magen förderlich sind. Darüber wird in der Harmonie debattiert. Die kriegführenden Armeen müssen kämpfen, um herauszufinden, wer die beste Serie von Pastetchen für eine Stufenleiter von zwölf Temperamenten und den Drehpunkt herstellt, damit jeder die Art bekommt, die er leicht verdauen kann«.[40]

Der Krieg entscheidet sich also nach dem Zusammenstoß der Pastetchen. Fouriers Schilderung: »Die Menschen sind über die neuen Systeme neuer Pastetchen und über die kluge Auswahl der Weine und die Vortrefflichkeit der neuen Speisen so zufrieden, daß alle Armeen von der Köstlichkeit der Küche wie elektrisiert scheinen. Sogar die Orakel haben Mühe, ihre geheime Anerkennung zu verbergen, und mehrere von ihnen erklären, bevor sie wieder in den Wagen steigen, sie hätten das Mahl gut verdaut und wären bereit, von neuem zu beginnen.«[41] Nichts kann die Vorzüglichkeit des Ausgangs besser darstellen: Das wesentliche Kriterium der alimentären Hygiene Fouriers ist die Verdaulichkeit.

In der Zivilisation ist die Indigestion das zwangsläufige Ende aller Mahlzeiten. In der Harmonie sind die Gänge zahlreich, weil den Temperamenten angepaßt. Die gute Küche zielt auf Qualität, nicht auf Quantität – auch wenn die qualitative Leichtigkeit quantitative Fülle gestattet. »Die Vorzüglichkeit der Gerichte und Weine muß das Ziel haben, die Verdauung zu befördern und den Wunsch nach dem folgenden Mahl zu beschleunigen, statt ihn hinauszuzögern.«[42] Getreu seiner Poetik der Zahlen – die Raymond Queneau so entzückte – zerteilt Fourier den Tag in regelmäßige Sequenzen, um den gastronomischen Stundenplan gesetzlich zu regeln. Die Mahlzeiten sollen zwei Stunden nicht überschreiten. Es gibt ihrer fünf am Tag: die Matinee, das Frühstück, das Mittagessen, die Vesper und das Abendessen. Jede Zwischenperiode wird durch zwei Sitzungen dreigeteilt: ein Intermezzo und eine Vesper, die jeweils nicht länger als fünf Minuten dauern. Zwischen beiden liegen eineinhalb Stunden. Alle Stationen werden mit Appetit gewürdigt. Fouriers Wille ist die Aufrechterhaltung der Lust in ihrer ewigen Wiederkehr: Die Verwaltung der Genüsse muß sich von diesem Prinzip leiten lassen. Um diese Diätetik der Mäßigung, der Dosierung, diese gelehrte Homöopathie zu veranschaulichen, nennt Fourier ein Beispiel: »Was würden wir«, schreibt er in *Le Nouveau Monde amoureux*, »von einem zärtlichen Ehegatten halten, einem Freund der Charta, der uns sagte: ›Ich habe mich heute nacht so sehr an meiner Frau ergötzt, daß ich auf dem Hund bin und mich mindestens acht Tage ausruhen muß.‹ Jeder würde ihm entgegnen, daß er besser daran getan hätte, sich zu schonen und die Ausübung der Lust auf die acht Tage zu verteilen, in denen er nun ruhen wird.«[43] Die Weisheit liegt im rationalen Gebrauch.

Dosierung der Speisen, Dosierung auch der Tischgenossen. Fourier meint, daß eine gelungene Mahlzeit die Gelegenheit für fröhliche Geselligkeit, für angenehme Begegnungen ist. Einige Zeilen widmet er der »klugen Zusammenstellung der Gäste, der Kunst, die Gesellschaft richtig und abwechslungsreich auszuwählen, sie jeden Tag durch reizende und unvorhergesehene Begegnungen noch interessanter zu machen«.[44] Zur Vermeidung der Langeweile und der geisttötenden Gespräche, wie sie bei Mahlzeiten üblich sind, bei denen die Gäste nicht zusammenpassen, bietet Fourier alle Hilfsmittel der neuen Ordnung auf. Er läßt die »Mahlzeiten der Liebespaare, der Familien, Bünde, Freunde und Ausländer miteinander abwechseln«.[45] Desgleichen meint der Philosoph, Sanctorius zitierend, dessen Feder ihm sehr nützlich erscheint, daß »ein gemäßigter Koitus die Seele weitet und die Verdauung fördert«[46], und daß man infolgedessen die Frauen auffordern können müßte, ihre Rolle als Aperitif zu erfüllen . . .

Dies alles trägt zu einer präventiven Hygiene bei. Wer würde bei derartigen Medikationen an Krankheit denken? Wahrscheinlich nur einige wenige Widerspenstige, die für die Freuden der Harmonie unempfänglich sind. Auch für sie hält die Fouriersche Pharmakopäe etwas bereit. Wie zu erwarten, ist sie alimentär und anziehend. Die Priorität gebührt dem Lösungsmittel. Gegen die zivilisierte Medizin will der Denker eine neue Weisheit verwirklichen, »die Kunst, die Kranken mit ein wenig Marmelade, feinen Likören und anderen Leckereien, einem Löffel Schnaps zu heilen«[47], wobei das Ganze unendlich viele Mischungen zuläßt. Als Medizin des Geschmacks stützt sie sich auf den gesunden Menschenverstand des Volkes, das von alters her den Schnupfen mit »einer Flasche alten Weines, warm und süß, und nachfolgendem Schlaf zu kurieren versteht«[48]. Sie würde die Verbindung von Pflege und Vergnügen durch »eine Theorie der Gegenarzneien« sichern, »die bei jeder Krankheit angenehm zu verabreichen sind«.[49] Daher werden Marmeladen, Weintrauben, Renetten und guter Wein – Grundprinzipien – in Erwägung gezogen.

Die Vorzüglichkeit dieser Früchte ist offenkundig, wenn man in ihnen aktive Elemente zu erkennen weiß, die aus dem Innern des Kosmos stammen. Fouriers diätetische Astrologie gehört zu den erstaunlichsten Teilen seines Werks. In der *Théorie de l'unité universelle* befaßt sich ein Kapitel mit »der siderischen Modulation bei Früchten aus der gemäßigten Zone«.[50] Nachdem er präzisiert hat, daß der sozietäre Zustand durch Verschiebung der Planeten die Veränderung der Klimate, folglich der Produktion und der Produktivität ermöglicht würde, lehrt Fourier eine Theorie der Kopulation der Gestirne, bei der – hier muß man Fouriers Sprache bemühen – in der großen Oktave, hypergroße Klaviatur, die Birnen von Saturn und Proteus geschaffen werden; die roten Früchte entstammen, in der hypokleinen Klaviatur, der Erde und Venus; in der kleinen Oktave, hyperkleine Klaviatur, entstehen die Aprikosen und die Pflaumen aus der Vereinigung von Herschel und Sappho; während die Äpfel, hypokleine Klaviatur, durch die Verbindung Jupiter-Mars erzeugt werden. Verschiedene Früchte leiten sich von der Sonne und die Pfirsiche von dem Merkur genannten vestalischen Stern her. Genauer untersucht der Autor die Genealogie der roten Früchte und argumentiert wie folgt: »Da die Planeten androgyn sind wie die Pflanzen, kopulieren sie mit sich selbst und mit den anderen Planeten; so wird die Erde durch Kopulation mit sich selbst, durch Verschmelzung ihrer typischen Wohlgerüche, wobei das Männliche dem Nordpol und das Weibliche dem Südpol zuneigt, die Kirsche hervorbringen, die sub-pivotale Frucht der roten Früchte.«[51] Es folgen die Entstehungsweisen der schwarzen Johannisbeeren, der roten Johannisbeeren, der Maulbeeren, Himbeeren und Weintrauben, unter denen man – mit einem Fragezeichen versehen – auch die Kakaobohnen antrifft.

Sodann poetisiert der Utopist die Nahrungsmittel, schreibt ihre Geschichte, verbindet seine persönliche Mythologie mit dem Okkultismus, eine seltsame Rationalität mit einer anziehenden Himmelsmechanik. Jede Frucht ist Gegenstand einer natürlichen und symbolischen, futuristischen und rhetorischen Geschichte. Über diese Frage der Fourierschen Poetik hat Roland Barthes endgültige Sätze geschrieben: »Die Fouriersche Konstruktion, die so wieder in die Geschichte des Zeichens versetzt wird, begründet die Rechte einer barocken Semantik, die der Wucherung des Signifikanten offensteht: sie ist unendlich und dennoch strukturiert.«[52]

So wird die Maulbeere expliziert als Emblem der reinen und einfachen Moral, mittels einer lyrischen Rede über die Brombeere, die Schwärze, die Alchemie der Farben, die Logik der Farbschattierungen, das Dionysische der Austriebe. In der Himbeere abgeblaßt, wird die Beere zum Symbol der falschen Moral: Ohne Dornen, in Kapseln geteilt, ist sie der Lieblingsaufenthalt der Würmer. Es folgen die Kirschen, die Erdbeeren . . .

In diesen Sphärenklängen, in denen wir Charles Fourier, unvollendet, in Gesellschaft eines den Saubohnen noch immer abholden Pythagoras wohlweislich zurücklassen, vernehmen wir gleichsam das Echo eines sanften herbstlichen Gesanges: des Gesangs des Utopisten – der der Gestirne? –, zwischen seinen Spiegeln verloren, der dem süßen Wahn einer der Harmonie dienenden Ernährung frönt. Der alte Philosoph, der auch der Schwager eines Brillat-Savarin war, des Autors der *Physiologie du goût*, lehrt uns, daß die poetische Wahrheit keiner Beweisführungen bedarf. Das Unumstößliche ist ihre Modalität.

6
Nietzsche oder die Würste des Antichrist

Die Lektüre von *Ecce homo* fordert dazu auf, die Nahrung als eine der schönen Künste zu betrachten oder zumindest als die Kunst, aus der Notwendigkeit die Tugend einer Poetik zu machen. Die hyperboreische Wissenschaft der Ernährung weist eine gewisse Verwandtschaft mit Fouriers Gastrosophie auf: Der Geschmack wird mit einer architektonischen Mission betraut, in dem Versuch, die Probleme des Realen zu lösen.»Kasuistik der Selbstsucht«[1] nennt Nietzsche die Sorge um sich, zu der Ernährung, Ort, Klima und Erholung gehören. Derlei Überlegungen erlauben es, aus dem eigenen Leben ein Kunstwerk zu machen. Der Hauptgedanke einer aktiven fröhlichen Wissenschaft zeigt sich in folgendem Gebot: »Wir aber wollen die Dichter unseres Lebens sein, und im Kleinsten und Alltäglichsten zuerst.«[2] Die Diätetik ist ein Moment der Selbsterbauung.

Nietzsches Sorge um die nächstliegenden Dinge und einzig um sie setzt diese Polarisierung auf sich selbst voraus. Der Leser wird über die Hierarchie der Probleme, so wie der Philosoph sie praktiziert, unterrichtet: »Ganz anders interessiert mich eine Frage, an der mehr das ›Heil der Menschheit‹ hängt, als an irgendeiner Theologen-

Kuriosität: die Frage der Ernährung. Man kann sie sich, zum Handgebrauch, so formulieren: ›wie hast gerade *du* dich zu ernähren, um zu deinem Maximum von Kraft, von *virtù* im Renaissance-Stile, von moralinfreier Tugend zu kommen?‹«[3] Nietzsches neue Bewertung macht die Diätetik zu einer Lebenskunst, einer Philosophie der Existenz mit praktischen Auswirkungen. Alchemie der Effizienz.

Mehr als jeder andere Philosoph hat Nietzsche auf die determinierende Rolle des Körpers bei der Erarbeitung eines Gedankens, eines Werks hingewiesen. Schon sehr früh hat er die Verwandtschaft zwischen Physiologie und Idee erkannt: »Die unbewußte Verkleidung physiologischer Bedürfnisse unter die Mäntel des Objektiven, Ideellen, Rein-Geistigen geht bis zum Erbrechen weit – und oft genug habe ich mich gefragt, ob nicht, im großen gerechnet, Philosophie bisher überhaupt nur eine Auslegung des Leibes und ein *Mißverständnis des Leibes* gewesen ist.«[4] Von der Metaphysik als Residuum des Fleisches.

Nietzsches Läuterung in bezug auf den Leib läßt an Plotins Askese denken. Für den Anhänger des Dionysos geht es darum, den Leib mit jenen Elementen vertraut zu machen, die Leichtigkeit besitzen und zum Tanz auffordern. Für eine Genealogie des Gottes der dunklen Kräfte ist Apollon nicht unwichtig. Die diätetische Sorge ist apollinisch: Sie ist die Kunst des Bildhauers seiner selbst, der bildnerischen Kraft und der maßvollen Beherrschung. Sie ist subtile Dialektik der Schlichtheit, der gebändigten Energie und Agens der Freude. Das Dionysische ist mächtige Alchemie: »Der Mensch ist nicht mehr Künstler, er ist Kunstwerk geworden.«[5] Die Diätetik ist

Metaphysik des Immanenten, praktischer Atheismus. Sie ist auch die Inkarnation des Prinzips des Experimentierens, das die alkyonischen Logiken begründet: Der Leib wird für eine neue Ästhetik der Erkenntnis mobilisiert. Nietzsches Gastrosophie ist Übergang, Öffnung auf neue Kontinente.

In der *Fröhlichen Wissenschaft* fordert Nietzsche die Gelehrten, die sich mit moralischen Dingen befassen – die Arbeitsamen –, dazu auf, das Feld ihrer Forschung zu überdenken. Zunächst stellt er fest: »Bisher hat alles das, was der Existenz Farbe gegeben hat, noch keine Geschichte gehabt.«[6] Es gibt keine Geschichte der Liebe, der Habsucht, des Neides, des Gewissens, der Pietät, der Grausamkeit. Keine Geschichte des Rechts oder der Strafe, der Einteilung des Tages und der Logik einer Festsetzung der Arbeit. Nichts über die Erfahrungen des Zusammenlebens, das moralische Klima, die Sitten des schöpferischen Menschen. Auch nichts über die Diätetik: »Kennt man die moralischen Wirkungen der Nahrungsmittel? Gibt es eine Philosophie der Ernährung? (Der immer wieder losbrechende Lärm für und wider den Vegetarismus beweist schon, daß es noch keine solche Philosophie gibt).«[7]

Eine neue Geschichte dieses Typs würde unweigerlich ein kostbares Wissen vermitteln. Im Laufe solcher Forschungen würde es Überraschungen geben. Die Ernährung ist unstreitig die Ursache von mehr Verhaltensweisen, als man denkt. Nachdem Nietzsche beklagt hat, daß »die Lehre von dem Leibe und der Diät« noch nicht »zu den Verpflichtungen aller niederen und höheren Schulen« gehört[8], meint er, daß ein Verbrecher vielleicht ein Mensch ist, der »mit ärztlicher Klugheit, ärztlichem guten Willen« zu behandeln sei. Man findet hier Feuerbachs Spur wieder, der behauptete: »Der Mensch ist, was er ißt.«

Die Ernährung bestimmt das Verhalten. Sollte es demnach, vermittels der Diätetik, einen Weg geben, die Notwendigkeit zu überwinden? Wie läßt sich die Nichtexistenz des freien Willens mit der Möglichkeit versöhnen, auf sich selbst einzuwirken, sich zu konstruieren, sich zu wollen? Seine Nahrung auswählen heißt sein Wesen erarbeiten. Nietzsche zeigt, daß die Auswahl hier das Akzeptieren der Notwendigkeit ist, die man zuerst entdekken muß. Zur Veranschaulichung seiner Behauptung bezieht er sich auf den Venetianer Cornaro – Autor der *Discorsi della vita sobria* –, »der seine schmale Diät als Rezept zu einem langen und glücklichen Leben – auch tugendhaften – anrät«. Der Italiener sah in seiner Diät die Ursache seines langen Lebens. Irrtum, schreibt Nietzsche. Verwechslung von Ursache und Folge: denn »die Vorbedingung zum langen Leben, die außerordentliche Langsamkeit des Stoffwechsels, der geringe Verbrauch, [war] die Ursache seiner schmalen Diät (. . .). Es stand ihm nicht frei, wenig *oder* viel zu essen, seine Frugalität war *nicht* ein ›freier Wille‹: er wurde krank, wenn er mehr aß.«[9] In der Tat wählt man sich seine Diät nicht aus: Man findet lediglich diejenige, die der Notwendigkeit des eigenen Organismus am adäquatesten ist. Die Diätetik ist die Wissenschaft, mit Hilfe des Verstandes die Notwendigkeit zu akzeptieren: Es geht darum, zu begreifen, was dem Körper am angemessensten ist, und nicht darum, aufs Geratewohl, gemäß Kriterien zu wählen, denen die körperliche Notwendigkeit fremd ist.

Die diätetische Sorge ist pragmatische Illustration der

Theorie des *amor fati* sowie gleichzeitig eine Aufforderung zur Askese des »werde, was du bist«. Die Diät ist der Wille nach Übereinstimmung mit sich selbst, die Forderung nach Angleichung von Appetit und Zustimmung. Sie setzt die Wahl dessen voraus, was sich aufdrängt, die Entscheidung für das Notwendige. Daher die Freude und die Befriedigung darüber, so klug zu sein.

Was tun, um aus der Not eine Tugend zu machen? Zunächst ist das Negative zu bestimmen, das, was man nicht tun soll. Dann wird man das Positive erkennen können, das, was man tun muß. Die negative Diätetik ist die Diätetik der Quantität. Die positive die der Qualität. »Pfui über die Mahlzeiten, welche jetzt die Menschen machen, in den Gasthäusern sowohl als überall, wo die wohlbestellte Klasse der Gesellschaft lebt!«[10] Die Überfrachtung des Tisches weist auf den Willen hin, sich in Szene zu setzen: »Was wollen also diese Mahlzeiten? – Sie *repräsentieren*: Was in aller Heiligen Namen? Den Stand? – Nein das Geld: man hat keinen Stand mehr!«[11] Vom Essen als äußerem Zeichen des Reichtums.

Nietzsche zieht gegen »die Ernährung des modernen Menschen« zu Felde: »Er versteht vieles, ja fast alles zu verdauen – es ist seine Art Ehrgeiz.« Die Epoche ist mittelmäßig: Sie lebt zwischen dem Üppigen und dem Teuren. Einstweilen gilt: »*Homo pamphagus* ist nicht die feinste Spezies.«[12] Die Vulgarität liegt im Unbestimmten. Der Allesfresser ist ein Irrtum.

Das Fehlen von Qualität, der Mangel an Flexibilität, Leichtigkeit, Feinheit kennzeichnen die negativen Ernährungsweisen, deren Archetypus die deutsche Küche ist. Die Küche *alla tedesca* ist gekennzeichnet durch »die Suppe *vor* der Mahlzeit (. . .); die ausgekochten Fleische,

---

die fett und mehlig gemachten Gemüse; die Entartung der Mehlspeise zum Briefbeschwerer«.[13] Das Ganze reichlich mit Schnaps und Bier nachgegossen. Nietzsche verabscheut das Nationalgetränk, das er für die Schwerfälligkeit der Zivilisation verantwortlich macht. Er prangert die »sanfte Entartung« an, die es »im Geiste hervorbringt«.[14] Er ist auch gegen den Alkohol. In einer autobiographischen Stelle gesteht Nietzsche: »Seltsam genug, bei dieser extremen Verstimmbarkeit durch kleine, stark verdünnte Dosen Alkohol werde ich beinahe zum Seemann, wenn es sich um starke Dosen handelt.«[15] Im Gymnasium hat er es ausprobiert. Das Maß ist ein Glas – Wein oder Bier – pro Mahlzeit. Auch das Brot muß abgeschafft werden: Es »neutralisiert den Geschmack anderer Speisen, wischt ihn weg; deshalb gehört es zu jeder längeren Mahlzeit«.[16] Unter den Gemüsen sind die stärkehaltigen zu verbannen. Im übertriebenen Reisgenuß sieht Nietzsche seltsamerweise eine Aufforderung zur Anwendung von »Opium und narkotischen Dingen«. Desgleichen treibt ihm zufolge übermäßiger Kartoffelgenuß zu Branntwein. In beiden Fällen führt er zu »Denk- und Gefühlsweisen, die narkotisch wirken«.[17] Die Gründe des Philosophen sind obskur. Keine mündliche oder symbolische Tradition, keine Gepflogenheit liefern Argumente dafür.

Auch der Vegetarismus ist keine Lösung. Zwar hatte sich Wagner eine Zeitlang für ihn entschieden – und später auch Hitler –, aber er entspricht nicht Nietzsches Willen. Für ihn ist der Vegetarier »ein Wesen, das eine korrobierende Diät nötig hat«[18], jemand, der durch das Gemüse erschöpft ist, während die anderen durch das erschöpft sind, was ihnen schlecht bekommt. Allerdings experimentiert Nietzsche aus Freundschaft zu Gersdorff eine Zeitlang mit Gemüse. In einem Brief an seinen Freund vertraut er ihm vorher seine Vorbehalte an. »Der Kanon, den die Erfahrung auf diesem Gebiete gibt, ist der: geistig produktive und gemütlich intensive Naturen *müssen* Fleisch haben. Die andere Lebensweise bleibt den Bäckern und Bauern, die nichts als Verdauungsmaschinen sind. Indes um Dir meine wohlmeinende Energie zu zeigen, habe ich dieselbe Lebensweise bis jetzt eingehalten und werde dies solange tun, bis Du selbst mir die Erlaubnis gibst anders zu leben (. . .). Das gebe ich ja zu, daß man in den Gasthöfen durchaus an ›Überfütterung‹ gewöhnt wird: weshalb ich in ihnen nicht mehr essen mag. Ebenfalls ist mir ganz klar, daß eine zeitweilige Enthaltsamkeit, aus diätetischen Gründen, äußerst nützlich ist. Aber warum, um mit Goethe zu reden, daraus ›eine Religion‹ machen? Dies liegt aber in allen solchen Absonderlichkeiten unvermeidlich eingeschlossen, und wer erst für Pflanzenkost reif ist, ist es meist auch für sozialistisches ›Allerlei‹.«[19] C.P. Janz, Nietzsches Biograph, versteht diesen Vergleich nicht ganz; der Grund sei möglicherweise, daß zu der Zeit, da der Philosoph diesen Brief aus Basel schreibt – September 1869 –, in der Stadt die IV. Internationale mit Bakunin tagte.[20] Dem ist nicht so. In Wahrheit hat der Vegetarismus seinen illustren Vertreter in Rousseau: Ihm zufolge ist er die Ernährungsweise, die der des primitiven Menschen am nächsten kommt. Der Autor des *Emile* warnt im übrigen die Fleischesser: »Es ist sicher, daß große Fleischesser im allgemeinen grausamer und blutrünstiger sind als andere Menschen.«[21] Daher die Gleichung Fleisch-Kraft-Grausamkeit, Gemüse-Schwäche-Sanftmut, die zu einer Aufteilung in Starke und Schwache, in Aristokraten, Eliten und Demokraten, Sozialisten führt.

Nietzsches Diätetik ist Wissenschaft des Maßes: Weder Übermaß (Reis, Kartoffeln) noch Versagung (Fleisch) und Verbote (Alkohol, Reizmittel) – dazu angetan, eine Harmonie, eine Adäquatheit zwischen dem Notwendigen und dem hygienischen Gebrauch zu befördern.

Weil sie diese elementaren Regeln der Ernährung mißachteten, haben die Hausfrauen ein schwerfälliges, überladenes Deutschland ohne Feinheiten hervorgebracht. Nietzsche kritisiert »die Dummheit in der Küche«, attackiert »das Weib als Köchin« und geißelt »die schauerliche Gedankenlosigkeit, mit der die Ernährung der Familie und des Hausherrn besorgt wird«. Und »durch den vollkommenen Mangel an Vernunft in der Küche ist die Entwicklung des Menschen am längsten aufgehalten, am schlimmsten beeinträchtigt worden: es steht heute selbst noch wenig besser.«[22] Seit langem herrscht die törichte Vorstellung, man könne mit geringstem Aufwand einen Menschen nach vorherbestimmten Wünschen heranziehen: summarische Eugenik oder mysteriöse Verwaltung der Körper. Nietzsche verfällt in diesen Gemeinplatz und meint, daß eine angemessene Ernährung eine bestimmte Rasse mit unterschiedlichen Eigenschaften hervorzubringen vermag. Die Nahrung als Mittel der Selektion. Eine harmonische Dosierung soll eine gebändigte Lebenskraft erzeugen, denn man weiß, daß »Arten, denen eine überreichliche Ernährung (...) zuteil wird, alsbald in der stärksten Weise zur Variation des Typus neigen und reich an Wundern und Monstrositäten« sind.[23] Platon war auf eine ebenso summarische Mythologie der Diätetik als Instrument der Eugenik verfallen. Glücklicherweise führt Nietzsche diesen Gedanken nicht aus. Wie es scheint, ist die Hypothese auch später nicht weiterentwickelt worden. Aus mangelnder Sorge um kollektive Lösungen wird er die Wissenschaft der Ernährung zu rein persönlichen Zwecken in Grenzen halten.

Der schweren deutschen Küche ohne Feinheiten stellt er die Küche Piemonts entgegen, die ihm leicht und luftig vorkommt. Gegen den Alkohol preist er die Verdienste des Wassers und gesteht, daß er immer ein Glas bei sich habe, um an den Brunnen von Nizza, Turin oder Sils zu trinken. Gegen den Kaffee empfiehlt er den Tee, nur morgens, wenig, aber sehr stark: »Tee sehr nachteilig und den ganzen Tag ankränkelnd, wenn er nur um einen Grad zu schwach ist.«[24] Er trinkt auch Kakao und empfiehlt ihn in Ländern mit Reizklima, das sich nicht mit Teein verträgt. Er vergleicht die jeweiligen Vorzüge des holländischen van Houten Kakaos und des schweizerischen Sprüngli.[25]

Neben der Art und der Qualität der Nahrungsmittel bezieht Nietzsche auch die Ernährungsweise in die Diätetik ein, die Modalitäten der Mahlzeit, die Erfordernisse der Nahrungsaufnahme. Der erste Imperativ lautet: »Man muß die Größe seines Magens kennen.«[26] Der zweite: eine starke Mahlzeit ist einer leichten vorzuziehen. Bei vollem Magen ist die Verdauung leichter. Schließlich muß man die bei Tisch verbrachte Zeit bemessen: weder zu lang, wegen der Überladung, noch zu kurz, um eine Anstrengung der Bauchmuskeln und eine übermäßige Magensekretion zu vermeiden.

Was die Frage der Ernährung betrifft, so bekennt Nietzsche: »Meine Erfahrungen sind hier so schlimm als möglich; ich bin erstaunt, diese Frage so spät gehört, aus diesen Erfahrungen so spät ›Vernunft‹ gelernt zu haben. Nur die völlige Nichtswürdigkeit unsrer deutschen Bildung – ihr ›Idealismus‹ – erklärt mir einigermaßen, weshalb ich gerade hier rückständig bis zur Heiligkeit war.«[27] Der gesamte Briefwechsel mit seiner Mutter zeugt in der Tat vom wilden Charakter seiner Ernährungsweise, und zwar sein Leben lang. In keinem Augenblick scheint Nietzsche Würsten und fetten Nahrungsmitteln entsagen zu wollen. 1877 war sein alimentäres Programm: »Mittag: Liebig'sche Bouillon, 1/4 Teelöffel vor der Mahlzeit. 2 Schinkenbrote und 1 Ei. 6-8 Nüsse mit Brot. 2 Äpfel. 2 Ingwer. 2 Biscuits. Abends: 1 Ei mit Brot. 5 Nüsse. Süße Milch mit 1 Zwieback oder 3 Biscuits.«[28] Im Juni 1879 ist er immer noch am selben Punkt, aber er streicht nun auch die Feigen und erhöht seinen Milchverbrauch – wahrscheinlich zur Linderung seiner Magenschmerzen. Fleisch fehlt fast ganz, es ist teuer. In den 80er Jahren besteht ein großer Teil des Briefwechsels mit seiner Mutter in Bestellungen von Wurst und Schinken – bei denen er das viele Salz beklagt – und in der Aufforderung, ihm keine Birnen mehr zu schicken. In der Engadin-Zeit sorgt er sich um seine Verpflegung und versichert ständig, daß er sich seine Dosen Corned Beef kaufen kann. 1884 bringen seine Briefe das ganze Drama seines zerrütteten Körpers zum Ausdruck: Magenbeschwerden, rasende Kopfschmerzen, Augenschwäche, Erbrechen; er begnügt sich mit einem Apfel zum Mittagessen. Die Lektüre des *Lehrbuchs der Physiologie* von Foster bekehrt ihn zu einer Kur mit englischen Biersorten – *stout and pale ale*. Er vergißt darüber seine Bannflüche gegen das bevorzugte Getränk seiner Landsleute, aber er nimmt es nur als Schlafmittel – zumindest glaubt er das. Im folgenden Jahr in Nizza nimmt er grobes Brot und Milch zu sich, speist dann abends in der Pension de Genève, »wo alles hübsch mager gebraten« ist, anders als in Menton, »wo württembergisch gekocht wird«.[29]

Milchspeisen tauchen 1886 in Sils auf. In einem Brief an seine Mutter preist er »mit saurer Milch angemachten Quark (. . .), nach russischer Manier«. Er präzisiert: »Doch habe ich jetzt etwas, was mir gut zu tun scheint – ich esse Ziegenkäse und trinke Milch dazu . . . Dann habe ich fünf Pfund Malto-Leguminose von der Fabrik bestellt! (. . .) Lassen wir also jetzt den Schinken . . . Ebenso laß die Suppentafeln.«[30] Wenn zwar der Magen mit Milchspeisen tatsächlich auf seine Kosten kam, so ist doch Trockengemüse der Verdauung nicht eben förderlich. Was den Schinken betrifft, so scheint er weniger aus diätetischer Sorge darauf zu verzichten, als vielmehr deshalb, weil gesalzenes Fleisch schauderhaft und erbärmlich ist. Freilich verbietet ihm der Geldmangel die gewünschten starken Mahlzeiten. Armut und körperlicher Verfall schränken zwangsläufig die Auswahl ein. Der Mangel an Fleisch erzürnt ihn am meisten.

Im August 1887 in Sils verbringt er den Sommer in der Albergo d'Italia und ißt eine halbe Stunde vor den anderen, um dem Lärm zu entgehen, den hundert Gäste mit vielen Kindern verursachen. Seiner Mutter gesteht er seine Weigerung, sich »*en masse* mit abfüttern zu lassen. So esse ich denn allein (. . .): Tag für Tag ein schönes rotes Beefsteak mit Spinat und eine große Omelette (mit Apfelmarmelade darin) (. . .). Abends nichts als einige Scheibchen Schinken, 2 Eidotter und 2 Semmeln.«[31] Um fünf Uhr morgens macht er sich eine Tasse van Houten-

Kakao, legt sich wieder zu Bett, um eine Stunde später wieder aufzustehen und eine große Tasse Tee zu trinken. Wurst und Schinken behalten jedoch einen auserwählten Platz in seiner Korrespondenz – »Wiel'scher Schinken« oder »Schinkenwurst« –, außerdem Honig, Rhabarber in Stücken und Sandtorte. In seinem letzten klaren Jahr – 1888 – hat er den Wein, das Bier, die Spirituosen und den Kaffee verbannt. Er trinkt nur noch Wasser und gesteht »größte Gleichmäßigkeit in der Lebens- und Ernährungsweise«.[32] Aber er bleibt bei der Verbindung Beefsteak-Omelette, Schinken-rohes Eigelb und Brot. In jenem Sommer bestellt er sechs Kilo Lachsschinken für vier Monate. Wenn er die Päckchen von seiner Mutter erhält, hängt er die Würste – »die sich delikat anfühlen« – an einer Schnur an der Wand auf: Man muß sich den Philosophen vorstellen, wie er den *Antichrist* unter einem Rosenkranz aus Würsten schreibt . . .

Wenige Wochen vor dem Zusammenbruch verzehrt Nietzsche – endlich – Obst. In Turin, wo er sich aufhält, gesteht er: »Was mir bisher am meisten geschmeichelt hat, das ist, daß alle Hökerinnen nicht Ruhe haben, bevor sie mir nicht das Süßeste aus ihren Trauben zusammengesucht haben.«[33] Erst um diese Zeit tauchen Obst und Gemüse in der Ernährung des Denkers auf. Niemals ist von Fisch die Rede. In Nizza, wo die Frische der Meeresfrüchte garantiert ist, scheint er keinerlei Interesse für sie zu zeigen.

Obwohl er sich dagegen verwahrt, frönt Nietzsche einer Diät der Schwere – einer südlichen Schwere zwar, aber immerhin. Wenn die deutsche Küche unbestreibar zu den schwersten und unverdaulichsten gehört, so glänzt doch auch die Küche Piemonts, die er ihr entgegenhält, nicht eben durch Leichtigkeit: Abgesehen von der weißen Trüffel, seiner Spezialität, erzeugt das Piemont vor allem Ragouts und Teigwaren, also nichts besonders Luftiges. Es gibt keine klare Wende in Nietzsches Biographie, was die zweckmäßige Diätetik betrifft. Er schreibt:»In der Tat, ich habe bis zu meinen reifsten Jahren immer nur *schlecht* gegessen – moralisch ausgedrückt, ›unpersönlich‹, ›selbstlos‹, ›altruistisch‹, zum Heil der Köche und andrer Mitchristen.«[34]

In der Tat, sein verdorbener Magen, seine klägliche Physiologie, sein zerrütteter Körper, seine Armut, sein unstetes Leben, zu Familienpensionen verurteilt, die mehr für ihr rentables Essen als für ihre gastronomische Sorge bekannt sind – das alles lief einer auf Effizienz bedachten Diätetik zuwider. Wo man Fische, Garen mit Wasser oder Dampf erwartete – seine Mutter hatte ihm das dazu nötige Gerät gekauft und zukommen lassen –, verzehrt Nietzsche Würste, Schinken, Zunge, Wild . . .[35]

Falls man Nietzscheaner sein müßte, sollte man sich daran erinnern, daß er in *Unzeitgemäße Betrachtungen* schreibt:»Ich mache mir aus einem Philosophen gerade so viel, als er imstande ist, ein Beispiel zu geben.«[36] An dieser Elle gemessen, ist der Philosoph diskreditiert. Niemals setzt Nietzsche die Diätetik, deren Theorie er aufstellt, in die Praxis um. Am Rande des Wahnsinns schreibt er in seinem letzten Text:»Das eine bin ich, das andre sind meine Schriften.«[37] Nietzsches Diätetik ist in Wahrheit eine erträumte Tugend, eine phantasierte Sorge, die Beschwörung einer Ingestion, die zur Indigestion werden kann. Das Nahrungsmittel ist das *analogon* der Welt. Da Nietzsches Rhetorik der Ernährung keine effektive Poetik gewesen ist, bleibt sie eine Ästhetik der harmonischen Verbindung zwischen sich und dem Realen, jedoch auch hier eine erträumte Ästhetik. Auch die Ernährung gehört zu einem Willen, seinen Körper zu produzieren, sein Fleisch zu begehren. Angesichts der reinen Notwendigkeit der Disharmonie konnte Nietzsche mit einem so vielversprechenden Willen nicht sparsam umgehen: Durchsichtigkeit des Organismus, Flüssigkeit der Mechanismen, Leichtigkeit der Maschine.

Nietzsches Diätetik ist im wesentlichen eine Dynamik der Verwechslung von Ethik und Ästhetik, eine der schönen Künste, deren Finalität der Stil des Wollens ist. Sie ist auch ein Hilfsmittel der jauchzenden Ausübung seiner selbst, allermindestens des Bemühens um Freude. Als Kunst seiner selbst, Beschwörung der Notwendigkeit, Technik der Immanenz gilt sie als theoretische Logik und als Willen, den Körper durch einen edlen Lebensstil zu veredeln. Stoff genug, um Dionysos Gestalt zu geben, wenn der Gekreuzigte im Muff verharrt. Von der fröhlichen Wissenschaft.

7

Marinetti oder das exaltierte Schwein

Besessen von der Moderne in all ihren Formen, wünschte sich Marinetti den Untergang Venedigs, einer der Sentimentalität und der Dekadenz verfallenen passatistischen Stadt. Der Markus-Platz wäre zu einem riesigen Autopark geworden. Aus diesem der Lagune entstiegenen Juwel wollte er eine industrielle und militärische Großmacht schaffen, imstande, die Adria zu beherrschen und Italiens kriegerische Übermacht im Mittelmeer und später in der ganzen Welt zu sichern.

Die Futuristen werden alle erdenklichen Mittel aufbieten, um ihre Revolution sicherzustellen: im Städtebau natürlich, aber auch in der Musik, der Kleidung, dem Kino, dem Roman, lauter Bereiche, die der Surrealismus vergessen hatte. Auch die Kochkunst wurde in das Projekt einer Umwandlung aller Werte einbezogen.

Mit Marinetti wird die Gastronomie zum Instrument eines absoluten Willens zur Veränderung. Durch die Ernährung beabsichtigt er, das Reale zu revolutionieren, ihm neue Formen zu geben, die sich ein wenig von Nietzsches Leichtigkeit, von seiner leidenschaftlichen Liebe zum Luftigen inspirieren. Marinettis Küche ist das Äquivalent der Marxschen Organisation des Proletariats zur revolutionären Klasse: Durch die Nahrung ist es möglich, die Essenz eines neuen Lebens zu schaffen.

Der negative Ingrimm der Futuristen in Sachen der Ernährung galt in erster Linie der Pasta asciutta, dem erklärten Feind des Italiens von morgen, Symbol des Italiens der Vergangenheit. »Wir Futuristen sind gegen das Praktische«, schreibt Marinetti, »und verachten das Beispiel und die Mahnung der Tradition, weil wir um jeden Preis das Neue wollen, das alle für verrückt halten. Auch wenn wir zugeben, daß schlecht oder grob ernährte Menschen in der Vergangenheit oft Großes geleistet haben, verkünden wir dies als Wahrheit: Man denkt, man träumt und man handelt nach Maßgabe dessen, was man trinkt und ißt.«[1] Die Pasta asciutta ist freilich die emblematische Nahrung der Italiener, das Analogon der Halbinsel. Wer sie angreift, untergräbt das Gebäude der Zivilisation schlechthin. Makkaronis, Nudeln und Spaghettis bezeichnen Italien.

Das Essen von Pasta asciutta bringt einen bestimmten Körper hervor, »kubisch, massig und bleibeschwert, von undurchsichtiger und blinder Kompaktheit«[2], dem Eisen, dem Holz und dem Stahl näher als den in den Augen der Futuristen edleren Materialien – zum Beispiel dem Aluminium, das die Kristallisation der Leichtigkeit, des Lichts und des Schwungs kennzeichnet.

Marinettis Tugenden sind die Agilität, Nietzsches Tanz und die Leichtfüßigkeit. Um sie zu verwirklichen, muß man die gastronomische Religion der Pasta asciutta abschaffen, welche die Spontaneität hemmt, ironische und sentimentale Skeptiker hervorbringt: »Die Pasta asciutta (. . .) bindet mit ihrem Knoten die Italiener von heute an die langsamen Webstühle der Penelope und an die schläfrigen Segler auf der Suche nach Wind. Warum widersteht ihr schwerer Block noch dem ungeheuren Netz aus Kurz- und Langwellen, das der italienische Genius über Ozeane und Kontinente geschleudert hat, und den Landschaften aus Farbe, Form, Geräusch, die die Radio-Bildübertragungen wie Schiffe um die Erde fahren läßt? Die Verteidiger der Pasta asciutta tragen eine Kugel oder Bruchstücke von ihr im Magen, wie Zuchthäusler oder Archäologen. Und dann denkt daran, daß die Abschaffung der Pasta asciutta Italien vom teuren ausländischen Getreide befreien und die italienische Reisindustrie begünstigen wird.«[3] Marinetti verbindet also ästhetische Tugend und ökonomische Erwägung: Das Ende der Pasta asciutta bedeutet gleichzeitig das Ende der Unterwerfung des Körpers unter die Schwere, das Ende der Unterwerfung des Landes unter die fremden Märkte, es bedeutet die Möglichkeit, die Handelsautonomie einer Nation zu verwirklichen, den Absatz der nationalen Reisproduktion zu sichern, das Fleisch von den Hemmnissen der Schwerkraft zu befreien. In vielfachem Sinn bedeutet der Tod der Pasta asciutta die Wiedergeburt des Körpers – eines besonderen und politischen Körpers. Von der Diätetik als ökonomischem Prinzip.

Die futuristische Revolution der Ernährung berücksichtigt den Nährwert und die Bedürfnisse. Die Ökonomie wird die Modalitäten des Essens und Trinkens in der Perspektive der Rationalisierung verwalten. Marinetti formuliert diese Forderung anläßlich des Festessens im Mailänder Restaurant »Gänsefeder«. Seine Rede bringt die beiden Zeiten zum Ausdruck, die durch die von ihm eingeleitete kopernikanische Wende getrennt sind: vorher/die Pasta asciutta, nachher/der Reis; vorher/die Wiederholung, nachher/die Phantasie. Das versteinerte Italien der Vergangenheit gegen das bewegliche Italien der Zukunft. »Ich kündige euch die nächste Manifestation der futuristischen Küche zur völligen Erneuerung des italienischen Ernährungssystems an; damit soll so schnell wie möglich die Notwendigkeit ausgedrückt werden, der Rasse neue heroische und dynamische Kräfte einzuflößen. Die futuristische Küche wird von der alten Besessenheit durch Volumen und Gewicht befreit sein; einer ihrer Grundsätze wird die Abschaffung der Pasta asciutta sein. Die Pasta asciutta, so angenehm sie auch für den Gaumen sein mag, ist ein passatistisches Gericht, weil sie schwer macht, vertiert, über ihren Nährwert täuscht, weil sie skeptisch, langsam, pessimistisch stimmt. Der Patriot bevorzugt statt dessen den Reis.«[4] Es folgen Gerichte wie »Brühe aus Rosen und Sonne«, »Liebling des Mittelmeers zick-zack«, »Windrädchen von Artischocken« und »Regen aus Zuckerwatte«, aber auch – als Beweis dafür, daß es nicht einfach ist, sich von der Schwere zu verabschieden – eine »fette Gans«, ein »Lammbraten in Löwensoße«, »Bacchusblut« und »Lachgasschaum ›Cinzano‹« . . .

Diese Mailänder Erklärung zeichnet sich vor allem durch Marinettis Umkehrung des Geschmackskriteriums aus: Es ist nicht mehr Sache des Individuums, mittels subjektiver, lustbezogener Urteile zu entscheiden, was gut ist. Das Gute ist eine nationale Entscheidung, die die Interessen der Gruppe, des Ganzen berücksichtigt. Marinetti steht hier Hegel näher als Nietzsche. Das neue futuristische Bewertungssystem macht das Allgemeine zum Gnomon des Besonderen. Marinetti leistet durchaus eine Kritik des individuellen Urteilsvermögens, um das Prinzip des Urteils zu befördern, das dem allgemeinen Interesse dient.

Die futuristischen Manifeste im Hinblick auf die Küche stammen alle aus Marinettis Feder. Er ist es, der die neuen Sätze validiert und die revolutionäre Prägnanz der Rezepte begründet, die in seiner Sprache »Formeln« genannt werden. Die Losung der futuristischen Gastronomie ist das Neue. Es handelt sich darum, einen alimentären Jubel neuen Typs zu ermöglichen.

In dem von Marinetti und Fillìa unterzeichneten Gründungstext wird das Projekt wie folgt beschrieben: »Die futuristische Revolution der Kochkunst (. . .) setzt sich das hohe, edle und gemeinnützige Ziel, die Ernährung unserer Rasse radikal zu ändern, um diese zu stärken, zu dynamisieren und zu spiritualisieren, und zwar durch ganz neue Speisen, bei denen Erfahrung, Intelligenz und Phantasie so wichtig sein werden wie bei den bisherigen Quantität, Einfallslosigkeit, Wiederholung und Preis. Diese unsere futuristische Küche, wie der Motor eines Wasserflugzeugs auf hohe Geschwindigkeiten eingestellt, wird manchen zitternden Passatisten verrückt und gefährlich vorkommen: sie will jedoch endlich eine Übereinstimmung zwischen dem Gaumen der Menschen und ihrem Leben heute und morgen schaffen.« Die Erfahrung in die Geschichte der Ernährung einbeziehend, fahren die Autoren fort: »Von den sprichwörtlichen Ausnahmen abgesehen, haben sich die Menschen bisher wie Ameisen, Mäuse, Katzen und Ochsen ernährt. Durch uns Futuristen entsteht die erste menschliche Küche, das heißt die Kunst, sich zu ernähren. Wie alle Künste schließt sie das Plagiat aus und verlangt schöpferische Originalität.«[5] Marinettis Sorge ist optimistisch, sie proklamiert kurz und bündig: die Hoffnung auf eine Veränderung des Realen durch die Veränderung der Ernährungsweise. Die Revolution mittels der Nahrung.

Gegen diesen Willen, die Nahrung zum Agens der Erneuerung zu machen, treten Protestbewegungen auf: Darauf bedacht, die Pasta asciutta zu bewahren, brachte eine Gruppe von Frauen aus Aquila eine Bittschrift in Umlauf, die sich an Marinetti richtete. In Neapel ging das Volk auf die Straße, um für das verfolgte Nahrungsmittel zu demonstrieren. In Turin hielten die berühmtesten Köche einen Kongreß ab, auf dem die jeweiligen Vorzüge der Tagliatelle und der in Eau de Cologne gekochten Salami verglichen wurden. In einigen großen Zeitschriften erschienen Berge von Fotografien, auf denen man den Papst des Futurismus riesige Mengen von Spaghettis verschlingen sah, während man in Bologna einen geschickt als Marinetti verkleideten Studenten enttarnte, der in der Öffentlichkeit Pasta asciutta aß. Einige Schlägereien um die Sache wurden durch militante Operetten und andere didaktische Narreteien ergänzt...

Die futuristische Revolution betraf sowohl die Quantität wie die Qualität. So verlangte Marinetti auch »die Abschaffung von Volumen und Gewicht als Kriterium für die Auffassung und Bewertung der Nahrung. Die Abschaffung der traditionellen Zusammenstellungen durch das Ausprobieren aller möglichen neuen, scheinbar absurden Zusammenstellungen (. . .). Die Abschaffung der mediokren Alltäglichkeit bei den Gaumenfreuden.«[6] Und der neue Gastronom forderte den Staat auf, eine aktive Rolle bei der unentgeltlichen Verteilung von Ersatzmitteln zu spielen, die in Pillen- und Pulverform für die notwendige nutritive Äquilibrierung sorgen sollten. Die

Pharmakopöe würde auf diese Weise die Zufuhr von Eiweiß, synthetischen Fettstoffen und Vitaminen ermöglichen. Was die Ökonomie von Grund auf verändern würde: Senkung der Lebenshaltungskosten und der Gehälter bei entsprechender Verringerung der Arbeitszeit. Damit huldigt Marinetti den Idealen aller utopistischen Revolutionäre: »Die Maschinen werden bald ein gehorsames Proletariat aus Eisen, Stahl und Aluminium bilden, im Dienst der Menschen, die von der manuellen Arbeit befreit sein werden. Wenn die Arbeitszeit auf zwei oder drei Stunden reduziert wird, kann man die übrige Zeit bereichern und adeln im Gedanken an die Künste und durch den Vorgeschmack vollkommener Mahlzeiten.«[7] Der totale Mensch, den Marx sich wünschte, wird von Marinetti verwirklicht: Der deutsche Denker befreit den Menschen durch die soziale Revolution von der Entfremdung, der italienische Denker durch die alimentäre Revolution.

Die futuristische Finalität ist politisch, ihre Teleologie ästhetisch. Die Küche ist eine der schönen Künste, durch die es gelingen kann, das Problem der Existenz zu lösen. Hier finden wir die Sorge des Künstler-Philosophen wieder, wie ihn der junge Nietzsche sah, für den die Kunst die »höchste Aufgabe und die eigentlich metaphysische Tätigkeit des Menschen« ist.[8] Da die Wahrheiten des Künstler-Philosophen die Erfindung, das Experiment, die Zerstörung, die Gesetzgebung, die Beherrschung sind, darf man in Marinetti diesen Menschen neuen Stils sehen, für den die Kunst ein Mittel ist, zur Transfiguration des Realen zu gelangen. Bestrebt, die Kasuistik der Selbstsucht in seine grundlegenden Gedanken einzubeziehen, hätte Nietzsche diese Art, die Nahrung zu apokalyptischen Zwecken zu gebrauchen, gewiß nicht mißbilligt . . .

Auf neue Weise ernährt, würde das italienische Volk männlich werden, es könnte daher seine imperialistischen Absichten der ganzen Welt aufdrängen: Die Pasta asciutta ist das konterrevolutionäre Element, das die weltweite Expansion für ein neues römisches Reich hemmt.

Bei derselben Gelegenheit befreit die staatliche Verwaltung der Nahrungsbedürfnisse den Körper von der alimentären Notwendigkeit, während sie gleichzeitig die Möglichkeit einer elitären und aristokratischen Ästhetik der Kochkunst bietet. Der volle Bauch entspricht den primären Ansprüchen. Der ästhetische Bauch erlaubt eine künstlerische Lösung der leiblichen Notwendigkeit. Das Dilemma der Quantität (für das Volk) und der Qualität (für die Eliten) öffnet die Perspektive einer Ernährung, die sich Nietzsches Bestreben, die Menschheit unter dem doppelten Blickwinkel der Herren und der Sklaven neu zu denken, zu eigen macht. Der Esser aus dem Volk unterscheidet sich grundlegend vom aristokratischen Esser: Ersterer ernährt sich, um ein primäres Verlangen zu stillen; für ihn fordert der Futurist, daß dies auf die rentabelste Weise geschehe, mit Hilfe des Staates. Letzterer ißt, um Kunstwerke zu verzehren und an der ästhetischen Logik der revolutionären Strömung teilzuhaben; er nimmt Schönheit zu sich. In beiden Fällen ist das Ziel dasselbe: die Erzeugung eines schönen, starken, ausgeglichenen, muskulösen, tierischen und mechanischen Körpers, der den nationalen Bedürfnissen wirksam zu genügen vermag.

Marinettis aristokratische Rhetorik wird jedoch auf

die umfassendste Art und Weise erstrebt: Die Utopie des Meisters zielt auf die Artistokratisierung der Masse, der Menge, auf die Umwandlung des Volks in eine Elite. Das futuristische Projekt ist eine Art fremdenfeindlicher Nationalästhetik, dazu bestimmt, die Herrschaft Italiens über Europa und dann über die Welt zu erringen. Die Küche ist ein Mittel unter anderen, das Volk aus seiner Mediokrität zu reißen: Selbst zum Kunstwerk geworden, wird die Masse ihren Genius über die Grenzen exportieren. Die Gastronomie ist eine Propädeutik planetarischer Umwälzung. Marinetti wollte, »daß alle Personen die Sensation erleben, Kunstwerke zu essen«.[9] Zu diesem Zweck hat er das alimentäre Ritual kodifiziert. Ihm zufolge verlangt eine Mahlzeit die Harmonie zwischen den verschiedenen Elementen einer Tafel – Kristall, Geschirr, Dekoration –, dem Geschmack und den Farben der Speisen, ihren Formen und der Logik ihres Erscheinens. Alle Sinne sollten eine aktive Rolle spielen: Die Kunst der Zusammenstellung hatte die Funktion, das Verlangen nach Nahrungsaufnahme vorzubereiten und zu wecken. Der Blick wird privilegiert: Die futuristische Kochkunst ist in erster Linie ein Spiel mit der Schaulust. Um die visuelle Wahrnehmung der Speisen anzuregen, werden den Gästen organisierte Präsentationen von Gerichten vorgeführt, die zum Essen bestimmt sind oder auch nicht. Wichtig ist, daß sie Lust wecken. Ganz besonders zu pflegen sind Farben und Harmonien.

Der im allgemeinen vergessene Tastsinn wird durch eine besondere Inszenierung angeregt: Als erstes schafft Marinetti Messer und Gabel ab. Hände und Finger sind die neuen Instrumente eines neuen Vergnügens: Berühren heißt eine Temperatur spüren, Wärme und Kälte unterscheiden; Konsistenzen bestimmen – hart, weich, zart –, die Eigenschaften einer Portion erkennen: gekörnt, gebunden, geglättet. Auch werden Brettchen erfunden, die mit verschiedenen Stoffen oder anderen Materialien überzogen sind, dazu bestimmt, den Tastsinn auszubilden: Leinen, Seide, Wolle, Satin, Glaspapier. Mit bestimmten Nahrungsmitteln sind bestimmte taktile Empfindungen verbunden.

Neben dem Blick und dem Tastsinn muß auch der Geruchssinn stimuliert werden: mit den natürlichen Gerüchen der Speisen selbstredend, aber auch mit Hilfe äußerlicher Düfte, die dazu angetan sind, das Kosten zu fördern, was das Grundprinzip bleibt. Während der Mahlzeiten werden daher durch Ventilatoren kombinierte Essenzen zerstäubt. Sorgfältig wählt man sie je nach ihrer Übereinstimmung mit den Farben, Formen und Eigenschaften der aufgetragenen Gerichte aus.

Desgleichen wird das Gehör geschärft: Musikalische Darbietungen werden mit den Düften kombiniert. Doch um die Sinne nicht zu verwirren, setzt man die Musik vor allem zwischen den Gängen ein. Auf diese Weise erspart man der Zunge und dem Gaumen allzu komplizierte synästhetische Klippen. Um unnütze Geräusche auszuschalten, verbietet Marinetti die Beredsamkeit und das Politisieren bei Tisch. Alle Anstrengungen müssen sich auf die Sinnesempfindungen konzentrieren. Der Verstand und seine elaborierten Verwendungen haben bei dergleichen Anlässen nichts zu suchen. Als Wissenschaft des Rhythmus wird die Poesie eine ähnliche Funktion erfüllen können wie die Musik. Man denke an die *lectio* in den klösterlichen Refektorien . . .

Schließlich wird der Geschmack angeregt durch »die

Kreation von simultanen und veränderlichen Bissen, die zehn, zwanzig verschiedene Geschmacksmomente enthalten und in wenigen Augenblicken gekostet werden können. Diese Bissen werden in der futuristischen Küche eine ähnliche Funktion der Steigerung ins Ungeheure haben wie die Bilder in der Literatur. Ein solcher Bissen wird einen ganzen Lebensabschnitt zusammenfassen können, die Entwicklung einer Liebesleidenschaft oder eine ganze Reise in den Fernsten Orient.«[10]

Wie nicht anders zu erwarten, integriert Marinettis Theorie die Errungenschaften der damaligen Wissenschaft. So müssen sich die Küchen den modernen Geräten öffnen: Ozonisatoren, die flüssigen und festen Lebensmitteln den Duft des Ozons geben, Sinnbild der von den Flugzeugen (denen Marinetti einen ganz besonderen Kult weihte) durchquerten großen Räume; Lampen für ultraviolette Strahlen, die die Nahrungsmittel aktivieren und damit ihren Nährwert erhöhen – immer wieder die Sorge um Rentabilität; elektrische Geräte, die die wesentlichen Eigenschaften der Lebensmittel isolieren und die Synthese von Säften ermöglichen, die, kombiniert, neue Substanzen mit revolutionärem Geschmack ergeben; feinste Mühlen, die den Einzug moderner maschinistischer Argumente in die Küche veranschaulichen: Diese Geräte erleichtern die Pulverisierung von Mehl, Gewürzen, Trockenfrüchten. Zu diesen zu kulinarischen Zwecken domestizierten neuen Technologien kommen Destillierapparate für normalen Druck und für das Vakuum hinzu, Überdruckzentrifugen, Dialysatoren, chemische Indikatoren, die den Säure- und Alkaligehalt der alimentären Kompositionen angeben.

Diese ganze Theorie erscheint am 28. Dezember 1930

in der *Gazzetta del Popolo* in Turin. Marinetti faßt hier die wesentlichen Punkte seines Programms sowie die Mittel zusammen, es zu verwirklichen. Zwei kategorische Imperative springen in die Augen: alle fünf Sinne gleichzeitig anregen, um das Essen vergnüglich zu gestalten, und die modernen Technologien in diesen gastronomischen Prozeß einbeziehen, denn das Projekt besteht darin, Speisen wie Kunstwerke zu komponieren.

Zahlreiche Bankette ermöglichten die Verwirklichung dieser futuristischen Prinzipien. Schon 1910 war die erste futuristische Soiree in Triest eine Gelegenheit, die Reihenfolge der Gerichte umzukehren. Das erste futuristische Essen fällt in die Zeit der Theorien und Manifeste. Die Gerichte erhalten poetische Namen. Roland Barthes hat aufgezeigt, daß die Entdecker neuer Welten sich einer besonderen Sprache, einer erfinderischen Rhetorik bedienen. Marinetti bildet keine Ausnahme. Die Neuheit einer alimentären Form erfordert die Neuheit der Sprache, die sie bezeichnet.

Den Namen »Exaltiertes Schwein« zum Beispiel erhält eine »rohe, abgepellte Salami, die direkt in einem Teller serviert wird, der sehr heißen Espresso-Kaffee enthält, gemischt mit viel Eau de Cologne«.[11] Ebenso zeichnet sich die »Luftspeise« durch eine sensitive Kunst der Zusammenstellung aus: »Auf der rechten Seite des Essenden serviert man einen Teller mit schwarzen Oliven, Fenchelherzen und Chinakohl. Auf der linken Seite des Essenden serviert man ein Rechteck, das sich aus Glaspapier, Seide und Samt zusammensetzt. Die Speisen müssen mit der rechten Hand direkt zum Munde geführt werden, während die linke Hand leicht und wiederholt über das Berührungsrechteck streift. Inzwischen besprühen die Kellner den Nacken der Gäste mit einem Symduft von Nelken, während aus der Küche ein heftiges Symgeräusch eines Flugzeugmotors hinzukommt und gleichzeitig eine Dismusik von Bach.«[12] In dieser Formel konzentrieren sich die futuristischen Gebote: Schärfung der Sinne, Verbot von Besteck, Verwendung von Hilfsmitteln – Düften, Musik, Berührungsrechtecken –, um die der Zivilisation geschuldete sensitive Schwäche auszugleichen. Kult des modernen Geräuschs, des Motors, der Geschwindigkeit, der Flugzeuge, Abkehr von den klassischen Bezügen, gleichsam eine Umwertung der musikalischen Werte, Vermischung ungewohnter Geschmacksmomente – Wurst und Kaffee –, Verwendung von Produkten, die herkömmlicherweise von der Nahrung ausgeschlossen sind – Eau de Cologne.

Marinettis diätetische Kopplungen verstehen sich als revolutionär: sie aktualisieren – wir werden noch sehen, inwiefern es sich lediglich um eine Reaktualisierung handelt – unerwartete Paarungen. So die Verbindung von Bananen und Anchovis, Süßem und Salzigem. Die Formel des »Magenweckers« zum Beispiel schlägt eine Ananasscheibe vor, »auf der man strahlenförmig Sardinen anordnet. Der Mittelpunkt der Ananas ist mit einer Thunfischschicht bedeckt, auf der eine halbe Nuß thront.«[13] Das gleiche gilt für die Mischung von Fleisch und Fisch. Fillìa beschreibt die »Unsterblichen Forellen« wie folgt: »Man fülle Forellen mit gehackten Nüssen und backe sie in Olivenöl. Man umwickle die Forellen mit sehr dünnen Scheiben Kalbsleber.«[14] Schließlich schreckt die futuristische Küche auch vor der Vermengung der Gänge nicht zurück: Vorspeise und Nachtisch sind zu einem »Simultaneis« verschmolzen: eine Creme aus Milch und rohen Zwiebelwürfelchen, beides zusammen eingefroren.

Höchste Provokationen der Modernisten: die Übertretung, der Hang zum reinen Subjektivismus. So das »Berauschte Kalb«, dessen Formel lautet: »Man fülle rohes Kalbfleisch mit geschälten Äpfeln, Nüssen, Pinienkernen, Gewürznelken. Es wird im Ofen gebacken. Man serviere es kalt in einem Bad von Asti Spumante oder süßem Passito-Wein aus Lipari.«[15] Auch werden Muscheln, Knoblauch, Zwiebeln, Reis und Vanillecreme zu einem Gericht namens »Golf von Triest« kombiniert. Eher geeignet, die religiöse Ordnung zu stören und die Küche des Vatikans zu schockieren, wagt der Luftmaler Prampolini »Die großen Gewässer«: eine Mischung aus Grappa, Gin, Kümmel und Anislikör, auf der »ein Block aus Anchovispaste schwimmt, die wie Arznei von Oblaten eingehüllt wird«.[16] Professor Sirocofran fordert mit seinen »Eingekerkerten Düften« zu gefährlicheren Rezepturen auf, die großes Geschick erfordern: »In dünne, leuchtend bunte Ballons führe man einen Tropfen Parfüm ein. Man blase sie auf und erwärme sie leicht, so daß das Parfüm entströmen kann und die Hülle geschwollen bleibt. Man serviere sie gleichzeitig mit dem Kaffee auf kleinen warmen Tellern, wobei man dafür sorge, daß es unterschiedliche Düfte sind. Man nähere die angezündete Zigarette den Ballons und atme den Duft ein, der davon ausgeht.[17] Zum Ausprobieren . . .

Die sprachliche Neuheit betrifft nicht nur die Bezeichnung des Gerichts als ganzes, sondern auch die Operationen, die es hervorbringen, oder die Modalitäten, die die Futuristen bei den Zusammenstellungen neu geschaffen haben. Daß Speisen poetische Namen gegeben werden, ist kulinarische Tradition. Weniger üblich ist die sprachliche Erfindung zur Kennzeichnung der Alchemie, die zu der Speise hinführt. Die lateinische Vorsilbe »co« (der deutsche Übersetzer wählte hierfür die griechische Vorsilbe »sym«) ermöglicht einige neue Wörter: Symgeräusch, Symlicht, Symmusik, Symduft oder Symberührung. Alle bezeichnen die Verwandtschaft einer Sinnesempfindung mit einer bestimmten Speise. Dem Symgeräusch begegnet man bei der Verbindung von Orangenreis und einem Motorradmotor, daher der Name des Gerichts: »Aufstiegsdröhnen«. Das Symlicht entsteht bei der Vermählung von exaltiertem Schwein und roter Laterne, die Symmusik beim Zusammentreffen der »Fleischplastik« mit einem Ballet, während der Symduft die Verbindung von Kartoffelbrei und Rose, die Symberührung die Vereinigung von Bananenpastete und Samt oder weiblichem Fleisch charakterisiert. Andere Wörter werden mit der Vorsilbe »dis« gebildet, um die Komplementaritätsbeziehung einer gegebenen Sinnesempfindung zu einer gegebenen Speise zu bezeichnen: Disgeräusch für das »Meer von Italien« in Verbindung mit dem Aufbrausen von Öl, Sprudel oder Meeresgischt; Dislicht für Schokoladeneis zusammen mit orangegelbem Licht; Dismusik für Datteln mit Anchovis und der *Neunten Symphonie* von Beethoven; Disduft für rohes Fleisch in Verbindung mit Jasmin, und Disberührung für die Kombination von »Äquator + Nordpol« und einem Schwamm.

Das Vokabular wird auch den neuen Gerichten angepaßt: Ein »Entscheider« zum Beispiel ist der »allgemeine Name für warme Stärkungs-Polygetränke, die dazu dienen, nach kurzer, aber tiefer Meditation eine wichtige

Entscheidung zu fällen«.[18] »Kriegimbett« ist ein befruchtendes Polygetränk, »Friedenimbett« ein einschläferndes Polygetränk und »Schnellinsbett« ein warmes winterliches Polygetränk – wobei »Polygetränk« für Cocktail steht.

Schließlich erhalten die kulinarischen Produktionen anschauliche Bezeichnungen: Die Poetik der Speisen ist suggestiv. Eine »Bombardierung von Adrianopel« inszeniert Eier, Oliven, Kapern, Sardellen, Butter, Reis und Milch, alles kunstvoll vermischt und zu einer Kugel geformt, in Semmelmehl gewälzt und dann gebacken. Die Liebe der Futuristen für die Luftfahrt kommt in vielen Formeln zum Ausdruck: »Aufstiegsdröhnen« – Kalbsrisotto mit Orangen und Marsala; »Flugzeugrumpf aus Kalbfleisch« – Kalbfleischscheiben, die an einem Flugzeugrumpf befestigt sind, der aus gekochten Maronen und kleinen Zwiebeln besteht und mit Kakao bestreut ist; »Pikanter Flughafen« – auf einem Feld aus italienischem Salat, Mayonnaise, Grünzeug, mit Orange belegten Brötchen und Obst liegen aus Anchovis oder Sardinen geformte Flugzeugkonturen; sowie »Lybisches Flugzeug«, »Netzwerke des Himmels« oder »Verdauungslandung«: »Aus dem Brei in Zuckerwasser gekochter Maronen und Vanillestengeln forme man Berge und Ebenen. Darüber forme man aus blaugefärbter Eiscreme atmosphärische Schichten, die von landenden Flugzeugen aus Mürbeteig durchpflügt werden.«[19] Zuweilen wird man an die humoristischen Titel der Musikstücke von Eric Satie erinnert, z.B. bei »Intuitives Kalb«, »Milch bei grünem Licht« oder »Italienische Brüste in der Sonne«, »Eßbarer Skifahrer«, »Zoologische Suppe« oder »Geschiedene Eier« . . .

Die konkreten Essen sind wahre Happenings, bei denen die Posse mit wilden Experimenten wetteifert. Bei einem offiziellen Essen, das archetypisch sein soll, schlägt Marinetti vor, daß ein Spaßmacher die Gäste mit obszönen Witzen unterhält, ohne sich jedoch der Vulgarität hinzugeben. Er sagt nicht, auf welche Weise die beiden Logiken zu unterscheiden sind. Nun bringt man »Die Menschenfresser schreiben sich in Genf ein« auf den Tisch, ein Gericht aus verschiedenen Sorten von rohem Fleisch, das nach Belieben zerschnitten und zurechtgemacht wird, wobei man die Stücke in bereitstehende Näpfchen mit Gewürzen oder Wein eintaucht. Danach wird »Der Völkerbund« serviert, eine Art Vanillesoße, in der kleine schwarze Salami und Schokoladenriegel schwimmen. Die Speise wird gekostet, »während ein zwölfjähriger Negerknabe, der vorher unter den Tisch geschickt wurde, die Beine der Damen kitzelt und in ihre Hinterbacken kneift«.[20] Das Mahl endet mit dem »Gewohnten Vertrag«, einer Art vielfarbigem Kuchen aus Nougat, gefüllt mit winzigen Bomben, die beim Explodieren den Saal mit dem typischen Geruch von Schlachten erfüllen. Danach wird sich ein Koch eine halbe Stunde lang dafür entschuldigen, daß in der Küche ein monumentales Dessert eingestürzt sei. Anstelle des zerstörten Gebäudes kommt ein Betrunkener herein, der noch mehr zu trinken verlangt: »Man spendiert ihm«, schreibt Marinetti, »eine Auswahl der nach Qualität und Quantität besten italienischen Weine, jedoch unter einer Bedingung: daß er zwei Stunden lang über die möglichen Lösungen des Abrüstungsproblems, die Revision der Verträge und die Finanzkrise spricht.«[21] Wetten wir, daß diese schrille alimentäre Parodie der Demokratie Mussolini nicht mißfallen wird, den die extremistische Moderne der Futuristen fasziniert.

Marinetti gibt zahlreiche Formeln dieses Kalibers an: auf halbem Wege zwischen Spott, Humor und dem ernsten Willen zur Umwertung der Werte. Beispielsweise sparsame Essen, Liebesnacht- oder Hochzeitsessen, Junggesellenessen, Extremistenmahle, bei denen sich die Gäste an Düften sättigen, nachdem sie zwei Tage lang gefastet haben, sowie andere aeropoetische, taktile, geographische oder heilige Rituale.

In Wahrheit sündigt Marinetti durch übertriebenen Eifer in seinem Willen, die Diätetik jenseits der alimentären Tradition anzusiedeln. Er meint, einem fixistischen Passatismus eine zügellose Modernität abzutrotzen. Doch viele seiner Übertretungen sind nichts anderes als Reaktualisierungen antiker oder mittelalterlicher Praktiken; was die kulinarische Revolution betrifft, so kämpft er für eine alimentäre Reaktion.

Kochbücher aus der zweiten Hälfte des »Grande Siècle« zeugen davon, daß schon damals Verbindungen von Süßem und Salzigem üblich waren. So erwähnen sie Fisch gepaart mit Datteln und eingelegten Früchten oder Erdbeersuppen. Man denke auch an die heute berühmte Orangenente oder das Ananashähnchen. Desgleichen verzeichnet Massialot in seinen Rezepten von 1691 Mischungen aus Fleisch und Fisch: Eine Ente mit Austern beweist es. Im Jahre 1739 kombiniert Marin Trüffeln, Austern und Kalbsbrühe. Schließlich zeigt ein historischer Blick, daß die Mischung der Kategorien auf der ganzen Welt seit jeher üblich ist; in Mexiko besteht ein traditionelles Festgericht aus Truthahn und Schokolade;

in Spanien mischt man Langusten und Hähnchen in einem Ragout aus Würzen und Schokolade: Zwiebeln, Nelken, Sellerie, Pfeffer, Piment, Tomaten, Erdnüsse, Knoblauch, Salz und Kakao.

Heute bereitet jeder Wildfleisch mit Früchten und Marmelade aus roten Beeren zu – Reh mit Äpfeln und Johannisbeergelee. In der Normandie ist die *marmite dieppoise* ein mächtiger Eintopf aus Huhn und Fischen aus dem nahen Meer – Erde und Wasser vermengt.

Die futuristische Übertretung, die Nelken in Kalbfleischgerichte eingehen läßt, findet ihr Echo in den vegetarischen Rezepten, die Gänseblümchensalat mit harten Eiern empfehlen, ebenso wie man die Blüten von Auberginen, Kapuzinerkresse, Rosen, Akazien, Veilchen und Lavendel zubereitet.

Was sich eines Tages als Tollheit und Neuheit, als Wille zu einer kopernikanischen Revolution vorstellt, ist fast immer die Reaktualisierung einer kulinarischen Vergangenheit. Die französische neue Küche der siebziger Jahre entstand häufig bei den Sammlern von Kochbüchern, die, ohne ihre Quellen anzugeben, mittelalterliche Zubereitungen wieder aufgriffen, die erstaunlicher sind, als man glauben möchte. Das Filet Saint-Pierre mit Johannisbeeren oder die Erdbeerensuppen sind Beispiele dafür.

Wenn keine Diätetik unschuldig ist, so ist auch keine wirklich revolutionär; alles ist schon immer gekocht und gegessen worden: Der Mund ist der Ort der Geschichte, und die Geschichte ist ständiger Neubeginn. Die Diätetik als Ausdruck der ewigen Wiederkehr.

8

Sartre oder die Rache des Schaltiers

Sartre mochte die Schaltiere nicht, und sie haben es ihm heimgezahlt: In *La Cérémonie des adieux* fragt Simone de Beauvoir den Philosophen nach seinen Vorlieben und Abneigungen hinsichtlich der Nahrung. Auf die Frage nach seinen größten Abneigungen antwortet Sartre: »Schaltiere, Austern, Muscheln.«[1] Um die Natur seiner Ablehnung zu begründen und zu analysieren, beschreibt er die Schaltiere als Insekten, deren problematisches Bewußtsein ihn stört, als Tiere, die in unserem Universum überhaupt nicht zu Hause sind. »Wenn ich ein Schaltier esse, esse ich Dinge aus einer anderen Welt. Dieses weiße Fleisch ist nicht für uns, man stiehlt es einem anderen Universum.« Seinen Gedanken weiterspinnend, sagt Sartre: »Es ist Nahrung, die in einem Gegenstand versteckt ist und die herausgezogen werden muß. Es ist vor allem die Vorstellung des Herausziehens, die mich anwidert. Die Tatsache, daß das Fleisch des Tieres von der Muschel dermaßen abgedichtet ist, daß man Geräte benutzen muß, um es herauszuziehen. Das ist etwas, was dem Mineral gleicht.«[2] In seiner Scheu vor der Muschel kann Sartre das Nahrungsmittel nicht von seiner Eigenschaft trennen: eine fast pflanzliche Form der Existenz,

die ihre Verwandtschaft mit dem Schleimigen, dem Zähflüssigen nicht verbirgt, für das er einen großen Widerwillen an den Tag legte.[3] Die Auster oder die Muschel ist
für ihn »im Entstehen begriffenes Organisches, das vom
Organischen nur dieses etwas abstoßende lymphatische
Fleisch hat, diese merkwürdige Farbe, dieses gähnende
Loch im Fleisch.« Schon früh legt Sartre die Grundlagen
dessen, was man seine Metaphysik des Lochs nennen
könnte: In den *Carnets de la drôle de guerre* plagiiert er
ein wenig die Freudschen Theorien, die das Loch mit der
Fäkalität, dem Klaffenden und dem Genuß verbinden.
Prosaisch erklärt er das Loch zum Mangel schlechthin,
das nach Ausfüllung verlangt. Dann erörtert er dieses
Thema beflissen, um zu zeigen, daß der »Kult des Lochs
dem des Afters vorausgeht«[4], und spielt, wenn man so
sagen darf, in aller Muße mit diesem Loch, das ihn einige
Seiten lang beschäftigt. Im Dezember 1939 weicht die
Metaphysik der »Löcher-für-den-Menschen«[5] dem Problem der Nahrung aus, während die in *l'Etre et le Néant*
enthaltenen Ausführungen es nicht verkennen.

In diesem Hauptwerk Sartres tritt die Ernährung in
Form einer phänomenologischen Analyse gebührend in
Erscheinung: »Die Tendenz, auszufüllen (. . .) ist sicher
eine der fundamentalsten unter all denen, die die Grundlage für den Akt des Essens bilden: die Nahrung ist der
›Kitt‹, der den Mund abdichten soll; essen heißt unter anderem, sich verstopfen.«[6] In philosophischen Jargon
übersetzt: »Das Loch verstopfen heißt ursprünglich, das
Opfer meines Körpers darbringen, damit die Fülle des
Seins existiert, d.h. die Passion des Für-sich erleiden, um
die Totalität des An-sich zu gestalten, zu vervollkomm-
nen und zu retten.« Die Löcher verstopfen heißt ebenso-

wohl essen wie kopulieren, und obgleich Sartre nicht zögert, von der »Obszönität des weiblichen Geschlechtsorgans«[7] zu sprechen, sagt er doch nichts Endgültiges über den Mund, der ißt, die Geschmacksrichtungen unterscheidet, die Düfte verbindet, die Substanzen dekantiert – wohingegen er das Geschlechtsorgan analysiert, das saugt, verschlingt, absorbiert und preßt. Die Verwandtschaft der beiden Körperöffnungen wird wie folgt unterstrichen: »Ohne allen Zweifel ist das Geschlechtsorgan ein Mund, der den Penis verschlingt.« Kann man die Glieder dieses Satzes ohne weiters vertauschen und in jedem Mund ein Geschlechtsorgan sehen – falls die Narrheiten des Syntax eine derartige Formulierung gestatten? Wahrscheinlich.

In Kenntnis dessen, was Simone de Beauvoir über Sartre berichtet, kann man auf dem Weg zum Verständnis der Sartreschen Diätetik rüstig voranschreiten. Nachdem die Äquivalenz zwischen den Dingen des Geschlechts und denen des Mundes festgestellt worden ist, läßt sich das in dem Satz seiner Gefährtin enthaltene Echo erfassen, wenn sie präzisiert: »Der sexuelle Akt im engeren Sinne interessierte Sartre nicht sonderlich.«[8] In *La Force de l'âge* schreibt sie: »Ich machte Sartre den Vorwurf, er betrachte seinen Körper als ein Bündel gestreifter Muskeln, er habe ihn von seinem sympathischen Nervensystem amputiert.«[9]

Der Gebrauch, den Sartre von seinem Körper machte, verrät ohne Umschweife die Selbstverachtung und die Ablehnung des Fleisches. Der Philosoph steht durchaus in der Platonschen Tradition der Vorzüglichkeit der Ideen, der Dinge des Geistes und des Ekels vor dem Körper, der mit einem Grab, einer unheilbringenden Büchse verglichen wird, die das Prinzip der Vorzüglichkeit enthält. Als verträumter Intellektueller bewegt sich der existentialistische Philosoph mitten im Mangel an Hygiene. Nichts ist sinnträchtiger als diese Preisgabe seiner selbst an die Risiken der verdorbenen Materie. Die Anekdoten über Sartres Unsauberkeit bringen seine Fähigkeit zum Ausdruck, das Fleisch zu vergessen, es zu verachten, es im Register des Überflüssigen zu belassen. In Deutschland hatte er Dreck und Gestank so sehr um sich greifen lassen, daß seine Biographin über seine »stinkende Stube« sprechen kann, über die wochenlange Zeit, die er »ohne sich zu waschen verbrachte, obwohl er nur die Straße zu überqueren hatte, um über ein Badezimmer im Badehaus *ad libitum* zu verfügen«. Sein Spitzname lautete damals »der Mann mit den schwarzen Handschuhen«, weil seine »Arme bis zu den Ellbogen schwarz vor Dreck« waren.[10]

Die körperlichen Notwendigkeiten flößten ihm stets Ekel und Verachtung ein. Beauvoir gesteht, daß er sich ihrer diskret entledigte, solange er gesund war. Später, als der fortschreitende Verfall des Denkers bemerkbar wurde, legte er einen Fatalismus an den Tag, der seine Gefährtin in Erstaunen setzte. Wenn er sich auf Sesseln und Sofas gehen ließ, zeigte er keinerlei Scham, eher Resignation.

Er vergaß nicht nur die Hygiene, sondern auch die Rhythmen des Körpers und die Notwendigkeit, die natürliche Notwendigkeit durch die kulturellen Rituale der Mahlzeiten zu transzendieren. Quantität und Qualität sind erbärmlich, und die Häufigkeit der Huldigung an den Ritus dementsprechend: »Es ist mir völlig einerlei«, sagte er, »ein Mittagessen zu überspringen oder sogar beide Mahlzeiten, mich von Brot zu ernähren oder im Gegenteil von Salat ohne Brot oder ein oder zwei Tage zu fasten.«[11] Beauvoir bestätigt, daß er so ziemlich alles aß, gleichgültig wann und wie.[12]

Die Verachtung seines eigenen Körpers geht ganz natürlicherweise mit einer Verachtung des Körpers im allgemeinen einher. Wenn er in *l'Etre et le Néant* diese wesentliche Realität analysiert, beruft er sich ständig auf vielsagende Beispiele: ein krankes Bein, von den Ärzten sezierte Augen, ein von einer Bombe zerstörter Körper, ein gebrochener Arm, ein Leichnam, ein Magenkrampf, Kopf-, Magen-, Finger-, Augenschmerzen.[13] Der Sartresche Körper ist vor allem ein kranker, verstümmelter, massakrierter, unkenntlicher Körper. Kein schmeckender oder genießender Körper, kein fröhliches Fleisch, keine Wonneschauer, sondern ein krankes, fauliges oder straffälliges Fleisch. Auf Details bedacht, entwickelt Sartre seine Auffassungen des Ekels, des Erbrechens und beruft sich dabei auf »das verfaulte Fleisch, das frische Blut, die Exkremente«. So betrachtet er das Magengeschwür als etwas, »das an meinem Magen nagt, als eine leichte innere Fäulnis; ich kann es mir denken nach Analogie von Abszessen, Fieberpusteln, Eitern, Krebsbildungen usw.«[14] Die Modalitäten des Seins-für-den-Anderen, vermittels des Körpers, sind weder das Lächeln noch der verführerische Blick, sondern das Schwitzen und der Schweißgeruch. Die Metaphern des Körpers sind dank den Arachniden gesponnen, das Antlitz des Anderen erzeugt Ekel, sein eigenes Gesicht erlaubt ihm sogar eine Anmerkung über den »Abscheu vor meinem zu weißen Fleisch«.[15] Als Werkzeug zur Handhabung der Werkzeuge ist der Körper nichts weiter als eine Maschine ohne Wunsch und ohne Genußwillen.

Die Verachtung seiner selbst, der Gebrauch seiner selbst als einer Sache nehmen bei Sartre den doppelten Aspekt des Alkohols und des Tabaks an – Variationen über das Thema des Abscheus vor sich selbst. Annie Cohen-Solal zieht die Bilanz dessen, was Sartre an einem einzigen Tag zu sich nimmt: »Zwei Päckchen Zigaretten – ›Boyard mais‹ – plus zahlreiche mit dunklem Tabak gestopfte Pfeifen; dazu ein Liter Alkohol – Wein, Bier, klare Schnäpse, Whisky usw.; zweihundert Milligramm Amphetamine; fünfzehn Gramm Aspirin; mehrere Gramm Barbiturate, ganz zu schweigen von Kaffee, Tee und den Fetten seiner täglichen Ernährung.«[16] Die *Critique de la raison dialectique* ist nach *l'Etre et le Néant* nur zu folgendem Preis zu haben: manchmal mehr als ein Röhrchen Corydran – ein Anabolikum – am Tag . . .

Sartres Alkoholismus steht außer Frage. Seine Räusche durchziehen Simone de Beauvoirs Memoiren. Den berühmtesten hatte er in Moskau. Er bescherte ihm im Frühjahr 1954 einen zehntägigen Krankenhausaufenthalt. Die wohlmeinenden Biographen geben der Beharrlichkeit der sowjetischen Gastgeber die Schuld . . . Als ihm nach einer ärztlichen Untersuchung klar wird, daß er mit dem Alkohol Schluß machen müßte, ruft er aus: »Damit sage ich sechzig Jahren meines Lebens Lebewohl.«[17]

Zwischen zwei Röhrchen Corydran hatte Sartre den Alkoholismus phänomenologisch beschrieben: »Demnach läuft es auf das gleiche hinaus, ob man sich im stillen betrinkt oder ob man die Geschicke der Völker lenkt. Wenn eine dieser Tätigkeiten über die andere die Oberhand gewinnt, so nicht wegen ihres realen Ziels, sondern wegen des Grades von Bewußtsein, das sie von ihrem idealen Ziele hat; und in diesem Falle wird es geschehen, daß die Gelassenheit des stillen Säufers die Oberhand gewinnt über die eitle Unruhe des Führers von Völkern.«[18] Wollte er den Beweis dafür antreten? Jedenfalls steht soviel fest, daß er 1973 – in dem Jahr, in dem man ihm rät, auf den Alkohol zu verzichten – einem Journalisten von *Actuel* sein politisches Programm anvertraut, das nur wenige Worte umfaßt: Terror, Illegalität und bewaffnete Gewalt. »Ein revolutionäres Regime«, sagt er, »muß sich einer bestimmten Anzahl von Individuen entledigen, die es bedrohen, und ich sehe hier keinen anderen Weg als den Tod. Aus einem Gefängnis kann man ausbrechen. Die Revolutionäre von 1793 haben wahrscheinlich nicht genug getötet.«[19] Von der kleineren Gefahr des Äthylismus . . .

Die ärztliche Untersuchung von 1973 hatte auch eine Anoxie, einen Sauerstoffmangel im Gehirn, zu Tage gefördert. Der Zustand der Adern und Äderchen war erbärmlich. Zum großen Teil war der Alkohol schuld daran, auch der Tabak. In *L'Etre et le Néant* legt Sartre eine kleine Theorie des Tabaks vor: Rauchen heißt eine Zeremonie praktizieren, Gesten theatralisieren, ritualisieren. Es ist auch »eine zerstörerische aneignende Reaktion. Der Tabak ist ein Symbol des ›angeeigneten‹ Seins, da er im Rhythmus meines Atems in einer Art ›fortdauernder Zerstörung‹ vernichtet wird, da er in mich eingeht und seine Verwandlung in mich selbst symbolisch durch den Übergang des verzehrten Stoffs in Rauch angezeigt wird.« Dieses »Brandopfer«, wie Sartre es nennt, ist in seinem Außmaß das Spiel eines vollständigen Opfers der Menschheit, eine »aneignende Zerstörung der ganzen Welt. Durch den gerauchten Tabak hindurch brannte und rauchte die Welt, die sich in Dampf auflöste, um in mich einzugehen.«[20] Rauchen und Essen sind zwei Modi derselben Logik. Aber der Tabak scheint ein praktischer Ersatz für das Nahrungsmittel zu sein, ein magischer, inkonsistenter, sich verflüchtigender, fast geschmacksneutraler Ersatz, so astringierend wirkt er auf die Geschmackspapillen.

Aufputschmittel, Alkohol und Tabak reichten Sartre in dem Arsenal der sanften Selbstverstümmelung nicht aus. Zur Beschreibung des distanzierten Gebrauchs, den Sartre von seinem Körper machte, ist die Erfahrung des Meskalins nicht ohne Interesse. Der Grund, den er dafür anführt, ist philosophisch: Er wollte an sich selbst die Wirkungen messen, die ein Halluzinogen auf die Entstehung von Bildern hervorruft. Er trug Dr. Lagache vom Sainte-Anne-Krankenhaus seine Bitte vor. Unter ärztlicher Kontrolle wurde ihm eine Dosis injiziert, die vier bis zwölf Stunden wirken sollte. Er beschrieb seine Erfahrungen in *L'Imaginaire*.[21] Beauvoir beschreibt die Halluzinationen, wie Sartre sie ihr berichtet hat: »Neben ihm, hinter ihm wimmelten Krabben, Polypen, grimassenschneidende Wesen.«[22] Rache der Schaltiere: Sartre wähnt sich von Langusten verfolgt. Als Beauvoir sich telefonisch über den Verlauf des Experiments erkundigte, antwortete Sartre mit schwerer Zunge, ihr Anruf habe ihn »aus einem aussichtslosen Kampf mit Tintenfischen gerissen.« Triumph der Flut . . . Später, auf der Straße (das Meskalin hat keine Nachwirkungen), war Sartre »wirklich überzeugt, daß eine Languste hinter ihm hertrottete«.[23] Beauvoir meint, daß es sich nicht um Rückstände der Droge handeln kann und daß der Philosoph damals unter nervösen Verhaltensstörungen litt, die nichts mit dem Experiment von Sainte-Anne zu tun hatten. Sartre wird sich an das – beim ihm höchst symbolische – Bestiarium erinnern, wenn er in *La nausée* Roquentin zu einem Vertrauten jenes Wasserzoos macht, in dem sich für einige Menschen Tiere befinden, deren »Körper aus einer Scheibe geröstetem Brot bestand, wie die, auf denen man Tauben anrichtet; sie gingen seitlich mit Krabbenbeinchen«.[24]

Es ist bemerkenswert, wie häufig in Sartres Werk die Schaltiere auftauchen. In *Les mots* erzählt er, daß sein kindlicher Blick einmal auf eine Abbildung im Almanach Hachette fiel: Sie stellte das Ufer eines Teichs im Mondschein dar, eine lange, rauhe Zange kam aus dem Wasser hoch, schnappte nach einem Trunkenbold und zog ihn hinab in die Tiefe. Der Text, den dieses Bild illustrierte, schloß mit den Worten: »War es die Halluzination eines Trinkers, oder hatte sich die Hölle aufgetan?« Und Sartre fährt fort: »Ich hatte Angst vor Wasser, vor Schaltieren und vor Bäumen« – man erinnere sich an die Rolle der Wurzel in *La nausée*. Das Echo dieser schaurigen Abbildung verstärkend, gesteht Sartre, daß er die schreckenerregende Szene oft in seinem halbdunklen Zimmer nachgespielt habe. Die Theatralisierung, so präzisiert er, verlangte eine Region unter der Erde oder unter dem Meer, in der das Sein in Form einer aquatischen oder chthonischen Kreatur auftauchte: »... eine Tintenschnecke mit Feueraugen, ein Krustentier, das zwanzig Tonnen wog, eine Riesenspinne, die noch dazu sprechen konnte –, das war ich selbst, ein kindliches Monstrum, das war meine Lebensunlust, meine Todesfurcht, meine Fadheit und meine Perversität.«[25] Ebenso tauchen in *Les Séquestrés d'Altona* Krabben auf und liefern den Vorwand für einen Dialog zwischen zwei Personen, von denen die eine vorhersagt, daß Zehnfüßler in den Vordergrund der Menschheit treten werden: »Sie werden andere Körper haben«, sagt er, »also andere Ideen.«[26]

Aber der Sieg der Schaltiere ist bescheiden, sie setzen sich nicht in den theoretischen Werken fest, zumindest nicht als Objekte der existentiellen Psychoanalyse. Sie spielen nur Nebenrollen, um die Musik zu veranschaulichen, zu begleiten. Der anspruchsvolle Phänomenologe der alimentären Dinge weiß, daß die Beziehung zur Nahrung die Beziehung zur Welt ist. Seine Analysen sind für die ganze Welt schlüssig, aber er kennt einen blinden Fleck, was ihn selbst anbelangt. Um diese Dinge auszudrücken, bietet die Volksweisheit Stroh und Pfosten auf . . . In *l'Etre et le Néant* schreibt er: »Es ist daher keineswegs gleichgültig, ob man Austern oder Muscheln, Schnecken oder Krabben mag, wenn man nur die existentielle Bedeutung dieser Nahrungsmittel versteht. Es gibt, allgemein gesprochen, keinen Geschmack und keine Vorliebe, die nicht reduzierbar wären. Sie stellen alle eine bestimmte Wahl der Seinsaneigung dar. Es ist Aufgabe der existentiellen Psychoanalyse, sie zu vergleichen und zu klassifizieren.«[30] Sage mir, was du ißt . . .

Sartre gestand, daß er nur wenige Dinge gern aß. Außer einem offenen Abscheu vor Meeresfrüchten hatte er einen ausgeprägten Widerwillen gegen Tomaten, da er ihr saures Fleisch nicht mochte. Ganz allgemein mag er pflanzliche Nahrung nicht, wie er es nennt, obwohl er weiß, daß sie weniger Bewußtsein hat als die Muscheln. Nie aß er Obst in seiner natürlichen Form: Es war ein Produkt des Zufalls und dem Menschen äußerlich. Der Philosoph gestand seine Vorliebe für Früchte, die in etwas von Menschen Gemachtes eingegangen sind – z.B. in Gebäck. Nur eine menschliche Vermittlung, ob technisch oder kulturell, erlaubte ihm den Zugang zu den Nahrungsmitteln. Als Anti-Diogenes *par excellence* verabscheut er das Natürliche und findet nur an Fertigprodukten, am Künstlichen Geschmack: »Die Nahrung muß durch von Menschen getane Arbeit entstehen. Brot ist so. Ich habe immer gedacht, daß Brot eine Beziehung zu den Menschen ist.«[28] Fleisch war lange Zeit eine bevorzugte Speise, blieb es jedoch nicht – aus Gründen, wie Vegetarier sie gern anführen: Fleisch essen heißt Kadaver verzehren. Auf Beauvoirs Frage: »Was essen Sie denn gern?« antwortet Sartre: »Manche Fleisch- und Gemüsesorten. Eier. Ich habe sehr gern Wurst gegessen, aber jetzt esse ich sie weniger gern. Es kam mir vor, als gebrauchte der Mensch das Fleisch, um etwas ganz Neues daraus zu machen, zum Beispiel Bratwurst, Schlackwurst, Schnittwurst. Das alles existierte nur durch den Menschen. Das Blut war in einer bestimmten Weise genommen worden, war anschließend in einer bestimmten Art behandelt worden, das Abkochen war in einer ganz bestimmten, von den Menschen erfundenen Weise geschehen. Man hatte dieser Wurst eine Form gegeben, die für mich verführerisch war, eine in umwickelten Zipfeln endende Form.«[29] Die Wurst setzt die Verwandlung, die Veränderung der rohen Gegebenheiten wie Blut, Fleisch und Fett voraus. Sie ist die Alchemie, die das Ungeschlachte der Bestandteile transzendiert. Sie ist die Einheit, zu der man nach einer Reihe von kodierten, kulturellen und handwerklichen Operationen gelangt. Die Schlackwurst als Sartres Emblem dort, wo das Emblem des Diogenes roher Polyp ist . . . Rotes Fleisch, sogar gekocht, ist immer noch voller Blut: »Eine Schnittwurst, eine Schlackwurst«, fährt Sartre fort, »das ist nicht so. Die Schnittwurst mit ihren weißen Punkten und ihrem runden rosa Fleisch ist etwas anderes.«

Gegen Ende seines Lebens hatte Sartre das alimentäre Ritual aufgegeben, das ihn mittags in die *Coupole* führte und abends mit Beauvoir irgendwohin. Er gestand, daß er abends »lediglich ein Stück Pastete oder irgend etwas anderes« aß. Zum Schluß, als seine Augen blind und seine Lippen fühllos waren, als er keine Zähne mehr hatte und senil wurde, verschmierte sich Sartre bei allen Mahlzeiten das Gesicht mit Soßen und Speisen, wobei er die Hilfe, die man ihm anbot, energisch ausschlug. Die typisch Sartresche Mahlzeit ist schwer, »reich an Wurst, Schinken, Sauerkraut, und Schokoladenkuchen, begossen von einem Liter Wein«.[31] Nüsse und Mandeln taten ihm auf der Zunge weh, und er gestand, daß er gern Ananas aß – immerhin eine Frucht –, weil sie etwas Gekochtem gleiche . . . »Jede Nahrung ist ein Symbol«[32], sagte er. Das Süße, Honig oder Melasse, verband sich in seinen Augen mit dem Klebrigen. Auf die symbolistischen Entsprechungen anspielend, fordert Sartre zu sonderbaren Synästhesien auf: »Esse ich einen rosa Kuchen«, schreibt er in *L'Etre et le Néant,* »so ist sein Geschmack rosa; der leichte, süße Duft und die Fettigkeit der Buttercreme sind das Rosa. Daher esse ich rosa, wie ich gezuckert sehe.«[33] Auf seinen Reisen mit Beauvoir nach Italien gab sich Sartre diesem Spiel der unerwarteten Symmetrien hin. Er verglich zum Beispiel »die Paläste von Genua und den Geschmack der italienischen Kuchen, ihre Farbe miteinander«.[34] Sartres Assoziationen würden eine existentielle Psychoanalyse verdienen – das

Mindeste, was man für ihren Erzeuger tun kann. Der Geschmack des Zähflüssigen, Pappigen, Fettigen, Unbekömmlichen, Kompakten, Flüssigen – das alles ist in höchstem Maße signifikant.

Der Ekel wird nach dem Modus des Weißlichen, Weichen, Lauen und Klebrigen erfaßt, während die Überwindung der Kontingenz und der Faktizität sich auf das Schwarze, Harte, Kalte beruft. Sartres Wunsch ist die Mineralisierung, Fossil zu werden und den verderblichen Kategorien zu entrinnen. Sartre versteht das Reale – eine Reminiszenz an Platon – als Aufteilung zwischen dem Unmittelbaren und dem Wesen, zwischen dem Auftauchenden und dem Eingetauchten. Außerhalb des Wassers gibt es den Schein, die aus Bildern, Wurzeln, Objekten, Dingen bestehende Illusion. Unter dem Wasser gibt es die Wahrheit des Seins, die authentische Natur der Welt: »Und unter dem Wasser? Hast du nicht bedacht, was unter dem Wasser sein kann? Ein Tier? Ein großer Schalenpanzer, halb in den Schlamm eingegraben? Zwölf Scherenpaare durchwühlen langsam den Schlick. Das Tier hebt sich von Zeit zu Zeit ein bißchen. Auf dem Grund des Wassers.«[35]

Derartige teratologische Visionen informieren über die Natur der Person, die sie ersinnt: Das Reale ist nichts als Wahrnehmungen, und die Wahrnehmungen unterstehen einem Subjekt. Es gibt nur die Relativität der Sinnesempfindungen, Bilder, Geschmacksrichtungen: »Die Qualität – insbesondere die materielle Qualität, die Flüssigkeit des Wassers, die Dichte des Steins usw. – vergegenwärtigt als Seinsweise nur auf eine bestimmte Art das Sein. Wir wählen also eigentlich eine bestimmte Art, in der das Sein sich enthüllt und sich besitzen läßt. Das

Gelbe und das Rote, der Geschmack der Tomate oder der Brechbohnen, das Rauhe und das Zarte sind für uns keineswegs irreduzierbare Gegebenheiten: Sie bringen für uns symbolisch eine bestimmte Art zum Ausdruck, in der sich das Sein gibt, und wir antworten durch den Ekel oder die Begierde, je nachdem ob wir das Sein auf die eine oder die andere Art an ihrer Oberfläche erscheinen sehen.«[36] Der Geschmack ist Zugang zur Subjektivität, er ist eines der Strahlenbündel, die zur individuellen Realität konvergieren, ein Fragment, das das Gedächtnis an alles bewahrt und das über die Weltanschauung des Subjekts unterrichtet. Jedes Sein verbindet mit dem Salzigen, dem Süßen, dem Bitteren eine symbolische Fracht, die es als singulären Entwurf bezeichnet. Sartre beschreibt diese seltsame Alchemie, die sich bei der Kristallisierung der Synästhesien in jedem Sein vollzieht. Die Geschichte der Entsprechungen, die Suche nach der Art ihrer Entstehung, die Erarbeitung eines Sinns – das alles fällt in den Bereich der existentiellen Psychoanalyse: »Was ist (. . .) der metaphysische Gehalt (. . .) der Zitrone, des Wassers, des Öls usw.? Alle derartigen Probleme hat die Psychoanalyse zu lösen, wenn sie eines Tages verstehen will, warum Peter Apfelsinen liebt und das Wasser verabscheut, warum er gern Tomaten ißt und dicke Bohnen ablehnt, warum er sich übergibt, wenn er gezwungen ist, Austern oder rohe Eier zu essen.«[37]

Ausgehend von der Vorliebe oder der Abneigung eines Menschen kann man zu seiner Wahrheit gelangen, verstanden als »freier Entwurf der Einzelperson auf der Grundlage der individuellen Beziehungen, die sie mit diesen verschiedenen Seinssymbolen verbindet. (. . .) Die Geschmacksrichtungen bleiben somit keine irreduzierbaren Gegebenheiten; versteht man, sie zu befragen, so offenbaren sie uns die fundamentalen Entwürfe der Person. Und selbst die Vorlieben für bestimmte Nahrungen haben ihren Sinn. Das ist ohne weiteres einzusehen, wenn man nur daran denkt, daß der Geschmack sich nicht wie ein zu entschuldigendes, absurdes Faktum darstellt, sondern wie ein evidenter Wert. Liebe ich den Geschmack von Knoblauch, so erscheint es mir irrational, daß andere ihn nicht lieben. Essen heißt in der Tat, sich durch Zerstörung aneignen, und zugleich, sich mit einem bestimmten Seienden verstopfen.«[38] Es folgen mehrere Zeilen, in denen die Erwähnung eines Schokoladenbiskuits, das widersteht, nachgibt und zerbröckelt, mit den Schlußfolgerungen der Analyse zusammenfällt.

In *Les mots* hat Sartre vieles preisgegeben: unter anderem, daß die Häßlichkeit sein erster Modus des Auf-der-Welt-Seins war, daß er sie nach einem Besuch beim Friseur bemerkt hat. Durch den Blick der anderen erfaßte sich das Kind zunächst in Gestalt eines Batrachiers voller Komplexe ob seines kleinen Wuchses, seiner schmächtigen, kränklichen Erscheinung – »ein Knirps, für den niemand sich interessiert«.[39] Von den Gruppen und vom Spiel der anderen abgewiesen, litt er unter der Ausschließung. Das übrige bleibt Anspielung . . . Kann man hier nicht die Anfänge des ursprünglichen, jede Biographie begründenden Entwurfs und damit das Postulat sehen, von dem aus sein übriges Leben konstruiert worden ist? Die Vertreibung, die man ihm kundtat, übernehmend, machte sich Sartre zur Krabbe.[40] Als Konklusion seines Lebens könnte man zitieren: »Auf einmal habe ich meine Erscheinung als Mensch verloren, und sie haben einen Krebs gesehen, der sich rückwärts aus diesem so menschlichen Raum davonmachte. Jetzt ist der entlarvte Eindringling geflohen: die Sitzung geht weiter.«[41] Sartre, der von einer Languste verfolgt wird, ist der von seinem Bild, seinem Schatten eingeholte Fußgänger – man verachtet die Schaltiere nicht ungestraft: Hütet euch vor einem Menschen, der es dem Hummer gegenüber an Achtung fehlen läßt.

Schluß

Die fröhliche Wissenschaft der Ernährung

Müde, erschöpft und gesättigt beendeten die sechs Philosophen ihr Bankett und ließen die Reste einer signifikanten Mahlzeit hinter sich zurück. Diogenes erinnerte daran, daß man die Natur nicht zu einem Leitprinzip erheben könne, ohne die Nahrung auf konsequente Weise mit einzubeziehen. Einen Polypen in die Höhe hebend, brachte er erneut die kynische Forderung nach Einfachheit vor, die Ablehnung des Verarbeiteten, des Komplexen und der Zivilisation. Und während er – wie sein Kollege, den er auf Lukians Bankett getroffen hatte – mit einem starken Urinstrahl alle Lichter in seiner Reichweite besprengte, geißelte der Philosoph mit der Amphore noch einmal die prometheische Dimension, die im Realen wirkt. Jenseits der Natur sei nichts Gutes zu finden, erklärte er. Von der Vortrefflichkeit seiner beißenden Worte überzeugt, nahm er wieder Platz, klaubte mit seiner Hand das Menschenfleisch auf, das unmittelbar auf dem Stein lag, und erteilte dem nächsten das Wort.

Zwei Schritte von ihm entfernt, interessierten Blicks und ein wenig neurasthenisch, ergriff Rousseau das Wort. Zunächst erklärte er, in welchen Punkten er mit seinem Vorredner übereinstimme: Ablehnung des Komplexen, Lob des Einfachen, Wille zur Natur. Auch erinnerte er an seine grundsätzlichen Einwände gegen das Fleisch – ob gekochtes oder rohes. Die Milch sei stets denjenigen willkommen, die die Welt ablehnen. Plebejer bis zur Karikatur, pries der Bürger von Genf die Vorzüge eines Lebens, das den Bewegungen der Natur abgelauscht sei, einer zur mythologischen Würde der Vollkommenheit erhobenen Natur. Über Sparta spintisierend, entwickelt Rousseau eine Theorie des Nahrungsmittels, die an den Gesellschaftsvertrag gemahnt: Askese und Genügsamkeit, Abwesenheit von Phantasie und Zufall. Traum von einer Ordnung und einfachen Maschinen mit rudimentärem Räderwerk: Gegen die Grausamkeit, das Fleisch und die Zivilisation werden die Sanftmut, die Milch und die Natur ins Feld geführt. Der Traum gegen die Wirklichkeit. Bald sollte ein derartiger Wahn Wirklichkeit werden. 1789 und die Sanguiniker, die ein in den Rang einer republikanischen Tugend erhobenes Vegetariertum predigten, forderten gewaltsam zu spartanischen Ernährungsweisen und politischen Formeln auf. Das lakedämonische Modell als Ausweg der Moderne – genug, um einen Voltairianer zu beunruhigen, der den freien Verkehr der Ideen und saftige Poularden schätzt.

Stumm und lernbegierig, sich Notizen machend, hat der eifrige Schüler Kant, ein Glas in der Hand, die ganze Rede des Genfers in sich aufgesogen. Ein wenig Alkohol, so meint er, sei das beste Mittel, die Geselligkeit und die Stimmung der Bankette zu befördern und zu erhalten. Je weniger Syssitien, desto mehr Feste. Seine Zettel durchsehend, kommt er zu dem Schluß, daß einige Analysen Rousseaus zutreffend sind. In den pädagogischen, anthropologischen oder historischen Texten des alten Gelehrten aus Königsberg findet man offene Reminiszenzen an den *Emile* und einige andere Werke des Schweizers. Erstaunlicher Kant, den man sich als genügsam, nüchtern und hypochondrisch vorgestellt hätte; gerade ihm begegnet man stockbetrunken in den Straßen seiner preußischen Heimatstadt. Königsberg ist heute Kaliningrad, eine sowjetische Stadt. Wetten, daß man in der russischen Provinz Kants Gewohnheit beibehalten hat, an bestimmten Abenden in den Verkehrsadern des Hafens zu torkeln.

An der Nahtstelle des Jahrhunderts der Französischen Revolution und der Industriellen Revolution hätten einige Worte über Brillat-Savarin gesagt werden müssen, wenn nicht über Grimod de La Reynière. Ersterer wird eher von Zweifeln und Fragen geplagt, auch wenn er an der Tafel sitzt: Weil er gerade ein Buch vorbereitet – eine *Physiologie du goût* –, ein sowohl philosophisches wie sensualistisches und literarisches Buch. Condillac und Maine de Biran sind nicht weit. Die Analyse des Gastronomen bietet vielfältige Wissenschaften auf: Physiologie, Medizin, Chemie, Hygiene, zuweilen Geographie oder Moral. Mit ihm beginnt die Ära der Schriftsteller, deren Gegenstand die Nahrung ist. Zugegeben. Aber außerdem gilt mit ihm das Vergnügen nicht mehr als schändlich. Der Eudämonismus ist der offenkundige Einsatz seines Werks: Er wird nicht müde, die Sinneslust zu rühmen, er verfaßt ihre Theorie, ihre Logik und ihre Poetik. Genießerischer Schwager von Charles Fourier, ist er der Philosoph, der die Sinne, insbesondere den Geschmack zu denken wagt. Man kann sich fragen, ob vor ihm die Philosophen überhaupt eine Nase und einen Gaumen haben[1], ob sie bisweilen nicht sogar nur Maschinen sind, der Sinne beraubt – also unsinnig –, Automaten, wie Vaucanson sie baute, deren Leidenschaft sich auf das Räderwerk und das Getriebe beschränkt. Brillat-Savarin ist der Erbe einer diskreten, wenngleich wirksamen Tradition: der Tradition der Sensualisten, der Freidenker, der Epikuräer des »Grand Siècle«, der Materialisten. Er öffnet auch Perspektiven auf eine offenkundige Moderne. Bedürfte es einiger Namen, so wären Ludwig Feuerbach, Arthur Schopenhauer oder Friedrich Nietzsche zu nennen – alle drei Verächter des Dualismus Spiritualismus/Materialismus, aber auch Initiatoren einer immanenten Logik, die die Kräfte und die Vitalität einer Wunschmaschine miteinzubeziehen sich bemüht. Nicht zu vergessen auch die Reflexionen von Deleuze und Guattari, die den Ideen von La Mettrie, besser gesagt eines La Mettrie, der Freud gekannt hätte, zu ihrem fast definitivem Ausdruck verhalfen.[2]

Wetten wir, daß auf dem Bankett der Philosophen neben Brillat-Savarin und Grimod de La Reynière auch La Mettrie, de Sade, Marguerite-Marie, Gassendi, Saint-Evremond oder La Mothe le Vayer zu Gast waren. Zweifellos waren auch Gaston Bachelard und Michel Serres anwesend.[3]

De Sades Begegnung mit Marguerite-Marie erfolgte auf ungewöhnliche Weise. Ein ironischer Zufall hatte sie einander gegenübergesetzt, als symbolische Verkörperungen zweier antagonistischer Tendenzen. Seltsam ... Und im Umfeld der Heiligen und des Libertins findet man die bizarren und verwirrenden Logiken der Gnostiker wieder: Die Fanatiker der Wüste versagen sich das Fleisch, den Körper. Sie ziehen es vor, in einer Ecke des Gelages zu beten. Ob Säulenheilige, Bettelmönche oder Wanderprediger, sie alle sind Wege zum Christentum, das die Haut, das Blut, das Fleisch und die Lymphe verdammt. Zu vulgär. Der Zyklus Ingestion/Digestion, Ernährung/Entleerung ist für sie das offenkundigste Zeichen der Unterwerfung unter das Akzidentelle. Ihr Vorbild war Jesus, über den Valentin schrieb, daß er »aß und trank, aber sich nicht entleerte. Seine Enthaltsamkeit war so stark, daß die Nahrungsmittel in ihm nicht faulten, da es keinerlei Fäulnis in ihm gab«.[4]

Kehren wir zu Marguerite-Marie zurück, einer Heiligen des »Grand Siècle«. Für den Psychoanalytiker, der hier vorbeikommt – es handelte sich übrigens um René Major, einen Spezialisten des Wahns des im Eigennamen enthaltenen Determinismus[5] –, möchten wir darauf hinweisen, daß die Heilige im zivilen Leben Alacoque hieß. So etwas erfindet man nicht. Weisen wir ebenfalls darauf hin, daß sie mehr als alles andere den Käse verabscheute[6], von dem sie einen mystischen Gebrauch machte, da sie sich trotz ihres Ekels dazu zwang, ihn zu essen. Auf dem Speisezettel der Heiligen standen: mannigfache Kasteiungen, Verleugnung der elementaren körperlichen Imperative, lustvolle Selbstverachtung, Disziplin, härenes Gewand, Flagellationen, fehlende Entleerung – das ist bei den Ekstatikern eine Manie – und Verweigerung der Nahrung. Ihre Vorliebe, wenn sie überhaupt geruhte, etwas zu sich zu nehmen, galt den marginalen Nahrungsmitteln. Man urteile selbst: Ganz besonders ergötzt sie sich an den bitteren Tränken, die der Arzt verordnet.[7] Je scheußlicher der Geschmack, desto sehnlicher verlangt es sie, den Trank zu schlucken, desto mehr labt sie sich daran. Desgleichen ißt sie »die Nahrung, die eine Kranke nicht hatte bei sich behalten können; ein andermal, als sie eine Nonne pflegte, die an Durchfall litt, berührte sie mit ihrer Zunge das, was ihr Herz höher schlagen ließ«.[8] Wenn ein Teller zu Boden fällt und der Inhalt sich über den Estrich ergießt, behält sie sich die besonders verunreinigten Stücke vor.[9]

Zum Glück war auch der göttliche Marquis de Sade, ihr Zufallsgefährte, Gast des Banketts. Bei der Heiligen ist die Nahrung ein Mittel, die Selbstverachtung zu verwirklichen; bei dem Libertin ist sie ein Argument für die Entfaltung der Begierden und Lüste. Der Mann, der stets eine Dose voll aphrodisischer Leckereien bei sich trug, Stammgast der Bastille, ist ein ganz besonderer Esser. Darauf bedacht, die Statuten einer Gesellschaft der Freunde des Verbrechens zu verfassen, schreibt er in Artikel 16: »Alle Ekzesse bei Tisch sind erlaubt (. . .). Alle möglichen Mittel werden bereitgestellt (. . .), sie zu befriedigen.«[10] Wie alles andere unterwirft der Erotomane auch die Nahrung dem Sex: Sie gleicht eine sexuelle Verausgabung aus oder bereitet sie vor. Anders als die Mystiker, die den Mangel predigen, ermuntert der Libertin zum Exzeß: Orgien und kulinarische Feste sind miteinander verbunden. Jeder sexuelle Augenblick wird alimentär gefeiert. De Sades Religion der Verdauung zelebriert die beiden Termini der Dialektik: Ingestion/Defäkation. Die theoretische Gastronomie des Marquis sakralisiert den Kot: Er ist das teleologische Moment der Ernährung.

Der Kot, der bei den Fanatikern der Ekstase fehlt, ist bei den Genießern mehr als anwesend. Die Geographie des Taubenmists, so wie sie sich in den *Cent Vingt Journées de Sodome* zeigt, ist in dieser Hinsicht aufschlußreich. Der Gemeinplatz, der besagt, daß Gegensätze einander anziehen, bewahrheitet sich, wenn man die gnostischen oder religiösen Erfahrungen der Heiligen Marguerite-Marie mit denen de Sades vergleicht. Überlassen wir es Noëlle Chatelet, einen Katalog aufzustellen: »Im Verlauf der Lektüre (. . .) verbucht man mit wachsendem Unbehagen eine Folge unerwarteter Ingestionen; alles wird verzehrt, vom Rotz bis zu Embryos, sowohl Speichel wie Eiter, Sperma, Fürze, Menstrualblut, Tränen, Rülpser, vorgekaute Nahrung und Erbrochenes.«[11] Nichts geht verloren.

Gibt es unter den Gästen des Banketts einen Allesfresser, der damit konkurrieren könnte? Diogenes vielleicht. In der Tat findet man bei dem Marquis eine Diogenessche Sorge um das Essen: eine weniger natürliche als vielmehr kontrakulturelle, antikulturelle Sorge. Das alimentäre Verbot wird zugunsten einer libertären Ingestion übertreten. Nichts schränkt die Möglichkeiten ein. Im festlichen Reich de Sades ist nichts untersagt. Daher Koprophagie, Mord oder Kannibalismus.[12] Daher auch die vampirischen Praktiken und andere Inszenierungen, die der Befriedigung des Blutdurstes dienen. Daher schließlich der Verzehr gerösteter kleiner Mädchen[13] oder auch – nach dem Inventar von Noëlle Chatelet – »Hodenpastete, Menschenblutwurst, Kot-Sorbet usw.«[14] Perversion! schreibt die bestürzte Leserin. Lesen wir noch einmal Klossowski, Lély oder Blanchot . . .

Sade sagt mehr, als er tut. Man muß die aus seinen fiktiven Texten stammenden Informationen denjenigen gegenüberstellen, die seine Biographie und sein Briefwechsel enthalten, insbesondere die Briefe an seine Frau. Seine Sorge ist libertär: Er fordert nicht zur Ausschweifung auf, denn er weiß, daß sie, wenn sie stattfinden muß, notwendigerweise auch stattfinden wird. Er fordert nicht zur Menschenfresserei auf, sondern behauptet, daß sie, sollte es sie denn geben, nur der Natur, der natürlichen Notwendigkeit gehorcht. Vor Nietzsche stellt de Sade seine Lektüre des Realen als Logik dar, die dem Determinismus untersteht. In *Justine ou les Malheurs de la vertu* schreibt er: »Wenn es daher in der Welt Menschen gibt, deren Geschmack alle herrschenden Vorurteile schokkiert, so soll man sich nicht über sie wundern, sie weder schelten noch strafen; man soll sie vielmehr bedienen, sie zufriedenstellen, alle Schranken beseitigen, die sie behindern, und ihnen, will man gerecht sein, alle Möglichkeiten gewähren, sich gefahrlos zu befriedigen; denn es hängt ja auch nicht von uns ab, ob wir geistreich oder dumm, wohlgestalt oder bucklig sind.«[15] *Amor fati.* Gegen die Natur ist nichts möglich . . .

Was die Mahlzeiten aus gerösteten kleinen Mädchen und geeistem Kot betrifft, so begnügt sich de Sade mit einer recht unschuldigen Küche. Die Kost der fiktiven Texte ist fiktiv, die der Briefe real: Die phantasierte Nahrung kennt keine Verbote, so wie der Traum keine Grenzen kennt. Der Kinderfresser liebt über alles andere Geflügel, Hackfleisch, Kompotte, Eibisch, Süßigkeiten, Gewürze, Marmelade, Schaumgebäck und Schokoladenkuchen. Wie ein vorbildliches kleines Mädchen. Schlachtfleisch verlockt ihn nicht, er schätzt vielmehr die Raffinessen des Champagners und der Trüffeln. Ein Brief an seine Frau verrät die Geheimnisse der de Sadeschen Gastronomie: »Eine Suppe aus der Brühe von vierundzwanzig kleinen Spatzen, mit Reis und Safran. Eine mit Taubenfleisch gefüllte und mit Artischockenböden garnierte Blätterteigpastete. Eine Vanillecreme. Provenzalische Trüffeln. Eine mit Trüffeln garnierte Truthenne. Eier im Saft. Ein Haschee aus weißem Rebhuhnfleisch, gefüllt mit Trüffeln und Portwein. Champagner. Ein Ambrakompott.«[16] De Sade ist auf dem Papier, in seinen Romanen, marginaler als mit der Zunge im täglichen Leben. Soll man einer Einladung bei Marguerite-Marie oder bei de Sade den Vorzug geben? Die vormals adlige Alacoque ist bei Tisch erstaunlicher – wenn man so sagen darf – als der Bürger Marquis. Was das Blut angeht, so sieht man in den Mundwinkeln de Sades nur die Spuren, welche die Schokolade seines Lieblingsgebäcks hinterlassen hat. Von den braunen Flecken rings um den Mund der Heiligen läßt sich das nicht behaupten . . .

Den Kopf in den Wolken, seine dem Wort nach kannibalischen Nachbarn vergessend, die der Praxis nach Midinetten sind, plädiert Fourier für eine Poetik der Nahrung: Kopulation der Gestirne zur Erzeugung von Obst, gastrosophische Dialektik des Pastetchens und Rhetorik des Soufflés – der Utopist deliriert in der Küche ebensosehr wie in der Fabrik. Von einer mythischen Harmonie träumend, vergißt der Denker auch die Nahrung nicht bei seinem Willen, das Reale in allen seinen Aspekten zu segmentieren. So fanatisch auf Grünpflanzen versessen, daß er in einer in ein Gewächshaus umgewandelten Wohnung lebt – der Fußboden seines Domizils war mit Erde bedeckt –, wird der Philosoph der neuen Ordnung ebensoviel Überzeugungskraft aufbieten, um seine gastronomischen Thesen zu verteidigen, wie um seine politischen Gedanken oder die Einzelheiten der politischen Ökonomie zu verdeutlichen. Es stimmt, daß die Gastrosophie eine Drehpunktwissenschaft ist. Zugute zu halten ist Fourier seine authentische Sorge, das Verhältnis zum

Körper zu modifizieren: von Schuld zu befreien war sein hauptsächliches Ziel. Sein vorrangiger Wunsch war der Genuß in der Utopie. Die Harmonie ist die politische Form der Freude.

Die Nase in den Sternen, wird Fourier Nietzsche nicht sehen, der fast wie ein Schwerarbeiter wandert. Täglich mehrere Stunden, bis zu zehn am Tag. Den Weg, den er nimmt, kennt er auswendig. Seine Augen sind zu schlecht, als daß er der Improvisation vertrauen kann. Die Gebirgswege sind gefährlich. Nietzsches Verhältnis zur Nahrung sagt alles über das Verhältnis des Philosophen und Menschen zur Welt. Er hat ein prachtvolles Werk geschaffen, von dem jedoch viele Thesen im Ressentiment versinken: Begierig nach einer Gefährtin oder einem Freund, von seiner unbefriedigten Erwartung enttäuscht, stürzt er sich in frauen- und menschenfeindliche Diatriben. Zarathustra empfiehlt, die Peitsche nicht zu vergessen, wenn man zum Weibe geht, aber sein Herr und Schöpfer wird bei den Behörden vorstellig, um einer Frau zu einer Promotion zu verhelfen, obwohl dies den Frauen damals untersagt war. Desgleichen vertraut er einigen Briefpartnerinnen diese oder jene Idee an – denken wir an Malvida von Meysenburg. Das gleiche gilt für die von Zarathustra so sehr verunglimpfte Freundschaft. Ohne Peter Gast hätte es niemals ein großes Werk von Nietzsche gegeben, dazu waren die Augen des Denkers zu schlecht. Peter Gast liest, korrigiert, richtet die endgültigen Manuskripte ein, bevor er sie dem Autor schickt, er empfängt Nietzsche in Venedig und steht ihm jedesmal bei, wenn es nötig ist. Worum handelt es sich hier, wenn nicht um Freundschaft? Dennoch empfindet er jede privilegierte Beziehung als Gefängnis. Bedarf es

172

eines weiteren Beispiels? Der vergeblich erwartete Erfolg ist die Ursache des Ressentiments, das ihnen sagen läßt, er schreibe für die künftigen Generationen, das kommende Jahrhundert. Über die Nahrung läßt sich dasselbe bemerken: Er lehnt die germanische Schwere und die damit verbundene Nahrung ab, aber nur deshalb, um sich besser in die inkohärenten Praktiken zu stürzen, bei denen er über die Gastronomie Piemonts fabuliert. Vom Tanz und von der Leichtfüßigkeit besessen, liebt er Soßenfleisch und Nudeln und vergräbt sich sodann in der Praxis der mütterlichen Würste . . .

Marinetti ist konsequenter. Die futuristische Theorie geht mit einer Praxis einher. Marinettis Bankette haben tatsächlich stattgefunden: Als kitschige Kunstwerke, barocke Inszenierungen sind sie markige Plädoyers für einen energischen Willen, anhand des reinen, von den passatistischen Schlacken gereinigten Augenblicks dem Realen Form zu geben. Die futuristische Gastronomie fordert zur kulinarischen Revolution auf, auch wenn sich, hier wie anderswo, die Revolution in Reaktion verwandelt. Auch hier lenken die Gesetze, die die Geschichte regieren, die nutritive Epopöe. Die Geschichte der Ernährung ist die Geschichte schlechthin. Die Determination einer gastronomischen Sensibilität, eines nutritiven Verhaltens ist die Determination einer Sensibilität und eines Verhaltens schlechthin.

Bei Sartre schließlich bezeichnet die Nahrung den Philosophen als ewigen Feind seines Körpers. Was den Alkoholismus angeht, so wetteifert Sartre in Taschkent mit einem russischen Ingenieur oder mit Hemingway im Ritz, schläft anderswo seinen Rausch im Rettungsboot des Schiffs aus, das ihn von Den Haag nach New York befördert. In Japan, wo er rohe Goldbrasse oder blutigen Thunfisch kostet, muß er sich am Ende der Mahlzeit übergeben. In Bruay-en-Artois ißt er bei einem maoistischen Bergarbeiter einen Kaninchenpfeffer, der ihm einen zweistündigen Asthmaanfall beschert. In Marokko hat er nach dem Verzehr von Gazellenhörnern, Pastilla, Méchoui, Zitronenhähnchen und Kuskus grausame Leberbeschwerden.[17] Und eines Abends wird er, nachdem er ein Röhrchen Ortedrin geschluckt hat, mehrere Stunden taub sein. Überlassen wir ihn dieser heilsamen Stille, und hüten wir uns vor Philosophien, die taub machen . . .

Nahrung für das Nichts und die Ewigkeit, sind die Menschen dazu verurteilt, zu verschlingen und verschlungen zu werden. Als alimentäre Metapher ist der Tod nur eine der zahlreichen Versionen der Oralität. Die Psychoanalytiker könnten viel über die gastronomischen Polarisierungen sagen: Fixierung an ein Stadium, Genuß durch den Mund, kultureller und sozial verträglicher Ersatz der Muttermilch, Sublimierung des Ephemären. Die Psychiater könnten die Anorexie und die Bulimie analysieren und darin die beiden Seiten ein und derselben Obsession entdecken, die Welt falsch zu erfassen. Sie würden kurz und bündig das Normale und das Pathologische erkennen, die Abweichungen des Mundes, seinen guten und seinen schlechten Gebrauch. Die Ökonomen könnten – mit den Historikern – von der poetischen Geographie der Gewürze, den Handelswegen des Zukkers und des Kaviars, von der Epopöe des Salzes berichten. Beiläufig würden sie daraus eine Theorie entwickkeln. Von der Beherrschung des Sphinkters zur Banknote, vom Papiergeld zur kostbaren Muschelschale.

Mythologische Peripetien. Es fehlen ein Lewis Carrol oder ein Lukian aus Samosata. Die Soziologen würden – mit Bourdieu – die plebejischen Vorlieben (schwer-salzig-fett) und die bürgerlichen Präferenzen erwähnen. Die Gastronomen würden auf die Düfte, die Farben und die Würzen, auf die Schmackhaftigkeit, die schmelzende, weiche Konsistenz hinweisen. Die Theologen dagegen würden eine ihrer sieben Todsünden anführen.

Dann könnte der Philosoph dazu auffordern, das Heilige mit der Wurzel auszureißen, die so gut integrierte Bereitschaft zur Entsagung und Askese auszurotten. Die dionysische Weisheit würde die Impertinenz des weltlichen Lobs der Frigidität anprangern, die auf das Konto des Christentums geht. Ein atheistisches Wissen ist eine ästhetische Weisheit. Die Vermischung einer Wissenschaft des Handelns und einer Lebenskunst lädt zu einer solchen auf Eudämonismus bedachten Diäte(h)tik ein. Zur Verwesung und Auflösung in vielfache Partikel bestimmt, hat das Fleisch nur im Vorher des Todes eine Bestimmung. Der falsche Gebrauch des Körpers ist ein Vergehen, das seine Sanktion in sich selbst erhält: Die verlorene Zeit läßt sich nicht aufholen.

Anmerkungen

Anmerkungen zu Kapitel 1

1 Um diese Punkte geht es in den folgenden Kapiteln.
2 Dimitri Davidenko, *Descartes le scandaleux*, Robert Laffont, S. 52.
3 Jean Colerus, »La vie de B. de Spinoza«, in: Spinoza, *Oeuvres complètes*, Pléiade, S. 1319.
4 Hegel, Brief an die Gebr. Ramann, Jena, 8. August 1801.
5 Lydia Flem, *La vie quotidienne de Freud et de ses patients*, Hachette. Siehe jedoch S. 238 ff. über Freud, die Weine, die wilden Beeren, die Artischocken, die Spargel und die Maiskolben.
6 Noëlle Chatelet, Vortrag über de Sade beim Kolloquium von Cerisy (s. Schluß, Anm. 11).
7 André Castelot, *L'Histoire à table*, Plon-Perrin, S. 42.
8 Claude Lévi-Strauss, *Tristes Tropiques*, Plon.
9 Jacques Lacarrière, *Les Gnostiques*, Gallimard, S. 105.
10 Pierre Clastres, *Chronique des Indiens Guayaki*, Plon, S. 327.
11 J. Offroy de La Mettrie, *L'Art de jouir*, Originalausgabe, S. 56.
12 Ders., *L'Homme-Machine*, Denoël-Gonthier, S. 100 f. und 137.
13 Dimitri Davidenko, a.a.O., S. 105.
14 Elisabeth und Robert Badinter, *Condorcet, Un intellectuel en politique*, Fayard (über sein Ende).
15 Ludwig Feuerbach, *Über das »Wesen des Christentums« in Beziehung auf den »Einzigen und sein Eigentum«*, in: Ludwig Feuerbach, Werke in sechs Bänden. Frankfurt 1975, Bd. 4, S. 74.
16 Ders., *Gedanken über Tod und Unsterblichkeit*, in: Sämtliche Werke. Stuttgart 1903, Bd. 1, S. 254, 258.

17 Noëlle Chatelet, *Le corps à corps culinaire*, Seuil.
18 Jean-Paul Aron, *Le mangeur du XIXe siècle*, Denoël.
19 Jean-François Revel, *Un festin en paroles, Histoire littéraire de la sensibilité gastronomique de l'Antiquité à nos jours*, 1979.
20 Michel Foucault, *Histoire de la sexualité*, Bd. 2, »L'usage des plaisirs«, Gallimard, S. 111 (dt.: *Sexualität und Wahrheit 2*, »Der Gebrauch der Lüste«, übers.v. Ulrich Raulff und Walter Seitter, Frankfurt 1986, S. 127).
21 Ebd., S. 131 (131).
22 Ebd., S. 123 (140).
23 Brillat-Savarin, *Physiologie du goût*, Julliard, S. 23.
24 Didier Raymond, *Schopenhauer*, Seuil, S. 37.

Anmerkungen zu Kapitel 2

1 Hegel, *Vorlesungen über die Geschichte der Philosophie*, I, Theorie Werkausgabe, Suhrkamp, Frankfurt 1971, Bd. 18, S. 558.
2 Ebd., S. 560.
3 Nietzsche, *Jenseits von Gut und Böse*, § 212.
4 Ders., *Ecce Homo*, in: Werke in drei Bänden, hrsg. von Karl Schlechta, Hanser, München 1954 f., Bd. II.
5 Ebd., S. 1116.
6 Nach Platon. Diogenes Laertius, *Leben und Meinungen berühmter Philosophen* (übers. v. Otto Apelt, Meiner, Leipzig 1981), VI, 54.
7 Montaigne, *Essais*, III, 13.
8 Diogenes Laertius, a.a.O., VI, 54.
9 Marcel Détienne, *Dionysos mis à mort*, Gallimard, S. 153.
10 Marcel Détienne, »Pratiques culinaires et esprit de sacrifice«, in: J.P. Vernant und M. Détienne, *La cuisine du sacrifice en pays grec*, Gallimard, S. 16.
11 Jean-Pierre Vernant, »A la table des hommes. Mythe de fondation du sacrifice chez Hésiode«, a.a.O., S. 64.
12 Diogenes Laertius, a.a.O., VI, 73.
13 Platon, *Politeia* (übers. v. Schleiermacher), VIII, 565 d, vgl. 566 a; IX; 571 d, und X, 619 c.
14 Lukian, *Der Kyniker*,15.

15 Dio Chrysostomos, *Reden*, VI, 13.
16 Diogenes Laertius, a.a.O., VI, 44.
17 Dio Chrysostomos, a.a.O. VI, 62.
18 Diogenes von Sinope, *Brief an Monimos*, XXXVII, 46.
19 Diogenes Laertius, a.a.O., VI, 44.
20 Ebd., VI, 61.
21 Plutarch, *De esu carnium*, I, 6, 995.
22 Léonce Paquet, *les Cyniques grecs*, Presses universitaires, Ottawa, S. 94. Siehe die vorzügliche Analyse von Marie-Odile Goulet-Caze, *l'Ascèse cynique. Un commentaire de Diogène Laërce*, VI, 70-71, Vrin.
23 Sophokles, *Antigone*.
24 Lukian, a.a.O., 18.
25 Diogenes Laertius, a.a.O., VI, 64.

Anmerkungen zu Kapitel 3

1 Zitiert wird nach den *Oeuvres complètes* der Pléiade, hrsg. v. Bernard Gagnebin und Marcel Raymond. Bd. I: *Confessions*; Bd. II: *La Nouvelle Héloïse;* Bd. III: *Discours sur les sciences et les arts, Discours sur l'origine de l'inégalité parmi les hommes* (dt.: J.J. Rousseau, *Schriften*, hrsg. v. Henning Ritter, Hanser, München 1978, Bd. I); Bd. IV: *Emile*. Der *Essai sur l'origine des langues* wird zitiert nach der Bibliothèque du Graphe.
1 III, S. 27 f. (57).
2 Ebd.
3 III, 73 (111).
4 III, 27 und 41 (56).
5 III, 76 (114).
6 III, 80 (118).
7 III, 15 (44).
8 III, 79 (117).
9 III, 95 (133).
10 III, 164 (230).
11 III, 134 (195).
12 III, 165 (231).
13 IV, 409.

14 IV, 464.
15 IV, 464 f.
16 Voltaire, *Correspondance*, Pléiade.
17 Rousseau, IV, 687.
18 IV,688.
19 I, 72.
20 II, 453.
21 I, 409.
22 IV, 273.
23 IV, 274 f.
24 IV, 275.
25 II, 452.
26 II, 453.
27 IV, 408.
28 Ebd.
29 IV, 411.
30 Ebd.
31 III, 199.
32 Rousseau, *Essai sur l'origine des langues*, Kap. IX, 523.
33 Ebd.
34 IV, 680.
35 Saint-Just, *Fragments d'institutions républicaines*, Seuil, S. 264.
36 Joachim Fest, *Hitler. Eine Biographie*, Ullstein, Frankfurt 1973, S. 299.

Anmerkungen zu Kapitel 4

1 Arsenji Gulyga, *Immanuel Kant*, übers. v. Sigrun Bielfeldt, Suhrkamp, Frankfurt 1985.
2 E.A.Ch. Wasianski, »Immanuel Kant in seinen letzten Lebensjahren«, in: *Immanuel Kant. Sein Leben in Darstellungen von Zeitgenossen*, Wissenschaftliche Buchgesellschaft, Darmstadt 1968, S. 272.
3 L.E. Borowski, »Darstellung des Lebens und Charakters Immanuel Kants«, in: *Immanuel Kant . . .*, a.a.O., S. 55.
4 Kant, *Anthropologie in pragmatischer Hinsicht*, §§ 15-18; in:

Werke in zwölf Bänden, Suhrkamp, Frankfurt 1968, Bd. XII, S. 447 - 451.

5 Ebd., § 14; a.a.O., S. 446 f.
6 Ebd., § 19; a.a.O., S. 451 f.
7 Ebd., § 20; a.a.O., S. 452.
8 Ebd.; a.a.O., S. 451.
9 Ebd.; a.a.O., S. 452.
10 Ebd.; § 64; a.a.O., S. 563.
11 Wasianski, a.a.O., S. 277.
12 Borowski, a.a.O, S. 55.
13 Kant, *Anthropologie in pragmatischer Hinsicht,* § 22;
14 Ebd.; § 26; a.a.O., S. 468.
15 Ebd.; a.a.O., S. 469.
16 Ebd.
17 Ebd., a.a.O., S. 470.
18 Ebd.
19 Ebd.
20 Ebd.; a.a.O., S. 471.
21 Kant, *Metaphysik der Sitten,* a.a.O., Bd. VIII, S. 560.
22 Ebd.
23 Ebd.
24 Ebd.; a.a.O., S. 560 f.
25 Ebd.; a.a.O., S. 561.
26 R.B. Jachmann, »Immanuel Kant, geschildert in Briefen an einen Freund«, in: *Immanuel Kant . . .,* a.a.O., S. 183.
27 A.a.O., S. 190 f.
28 Wasianski, a.a.O., S. 230.
29 Jachmann, a.a.O., S. 205.
30 A.a.O., S. 207 f.
31 A.a.O., S. 194.
32 Kant, *Der Streit der Fakultäten,* a.a.O., Bd., XI, S. 379 f.
33 Kant, *Versuch über die Krankheiten des Kopfes,* a.a.O., Bd. II, S. 895.
34 Kant, *Beobachtungen über das Gefühl des Schönen und des Erhabenen,* a.a.O., S. 842.
35 Kant, *Versuch über die Krankheiten des Kopfes,* a.a.O., S. 900.
36 Kant, *Der Streit der Fakultäten,* a.a.O., S. 383 f.
37 Ebd., S. 385.
38 Ebd., S. 375.

39 Borowski, a.a.O., S. 52.
40 Kant, *Der Streit der Fakultäten*, a.a.O., S. 391.
41 Wasianski, a.a.O., S. 295.

Anmerkungen zu Kapitel 5

Fouriers Werke werden zitiert nach den *Oeuvres complètes*, Anthropos, 1966-1968, hrsg. von Simone Debout: Bd. I., *Théorie des quatre mouvements* (dt.: *Theorie der vier Bewegungen*, übers. v. Gertrud von Holzhausen, Frankfurt 1966); Bd. II, III, IV, V, *Théorie de l'unité universelle*; Bd. VI: *Le Nouveau Monde industriel et sociétaire*; Bd. VII: *Le Nouveau Monde amoureux*; Bd. VIII: *La Fausse Industrie*; Bd. X: *Manuscripts publiés par la Phalange, Revue de la science sociale*, Bd. I und II.

 1 X, S. 157.
 2 VIII, S. 442.
 3 Ebd.
 4 VII, S. 257.
 5 VII, S. 326.
 6 V, S. 165.
 7 II, S. 28.
 8 VII, S. 138.
 9 V, S. 418.
10 Ebd.
11 V, S. 419.
12 I, S. 163.
13 V, S. 420.
14 VII, S. 136.
15 V, S. 420.
16 VII, S. 18.
17 I., S. 167.
18 I., S. 19.
19 VI, S. 224.
20 VII, S. 20.
21 VII, S. 132.
22 VII, S. 131.

23 VI, S 253.
24 VI, S. 259.
25 VII, S. 19.
26 VII, S. 139.
27 VII, S. 140.
28 VII, S. 142.
29 V, S. 352.
30 VI, S. 255.
31 VI, S. 256.
32 Ebd.
33 VII, S. 339.
34 Ebd.
35 VII, S. 341.
36 VII, 343.
37 VII, S.346.
38 VII, S. 356.
39 V, S. 358.
40 VII, S. 347.
41 VII, S. 357.
42 VII, S. 133.
43 Ebd.
44 I, S. 170.
45 I, S. 171.
46 VII, S. 135.
47 VII, S. 129.
48 VI, S. 260.
49 Ebd.
50 IV, S. 243.
51 IV, S. 244.
52 Roland Barthes, *Sade, Fourier, Loyola*, Seuil, Paris 1971, S. 103 (dt.: *Sade, Fourier, Loyola*, übers. v. Maren Sell und Jürgen Hoch, Suhrkamp, Frankfurt 1974, S. 115).

Anmerkungen zu Kapitel 6

1 Nietzsche, *Ecce Homo* in: Friedrich Nietzsche. Werken drei Bänden. Hrsg. Karl Schlechta, Hanser, München 1954 f., Bd. II, S. 1096.

2 Ders., *Die fröhliche Wissenschaft*, § 299, a.a.O., Bd. II.
3 Ders., *Ecce Homo*, a.a.O., Bd. II, S. 415.
4 Ders., *Die fröhliche Wissenschaft*, Vorrede, § 2.
5 Ders., *Die Geburt der Tragödie*, a.a.O., Bd. I, S. 25.
6 Ders., *Die fröhliche Wissenschaft*, § 7.
7 Ebd.
8 Ders., *Morgenröte*, § 202, a.a.O., Bd. I.
9 Ders., *Götzendämmerung*, a.a.O., Bd. II, S. 971.
10 Ders., *Morgenröte*, § 203.
11 Ebd..
12 Ebd., § 171.
13 Ders., *Ecce Homo*, a.a.O., S. 1083.
14 Ders., *Götzendämmerung*, a.a.O., S. 984.
15 Ders., *Ecce Homo*, a.a.O., S. 1084.
16 Ders., *Der Wanderer und sein Schatten*, § 98, a.a.O., Bd. I.
17 *Die fröhliche Wissenschaft*, § 145.
18 *Ders.; Der Fall Wagner*, a.a.O., Bd. II, S. 912.
19 Ders.; Brief an Gersdorff, 28. September 1869.
20 C.P. Janz, *Friedrich Nietzsche. Biographie*, 3 Bde., Hanser, München-Wien 1978, Bd. I, S. 341 f.
21 Rousseau, *Émile*, Pléiade, Bd. IV, S. 411.
22 Nietzsche, *Jenseits von Gut und Böse*, § 234, a.a.O., Bd. II.
23 Ebd., § 262.
24 Ders., *Ecce Homo*, a.a.O., S. 1084.
25 K.P. Janz, a.a.O., Bd. II, S.537.
26 Nietzsche, *Ecce Homo*, a.a.O., S. 1084.
27 Ebd., S. 1082 f.
28 K.P. Janz, a.a.O., Bd. I, S. 803.
29 Ebd., Bd. II, S. 359.
30 Nietzsche, Brief an die Mutter, 14. Juli 1886.
31 Ders., Brief and die Mutter, 3. August 1887.
32 Ders., Brief an die Mutter, 20. März 1888.
33 Ders. *Ecce Homo*, a.a.O., S. 1101 f.
34 Ebd., S. 1083.
35 Ders., Brief an die Mutter, 9. November 1878; Brief an die Schwester, 6. Juli 1879.
36 Ders., *Unzeitgemäße Betrachtungen*, a.a.O., Bd. I, S. 298.
37 Ders., *Ecce Homo*, a.a.O., S. 1099.

Anmerkungen zu Kapitel 7

1 F.T. Marinetti und Fillìa, *Die futuristische Küche (La Cucina Futurista*, Sonzogno, Mailand 1932), übers. v. Klaus M. Rarisch, Stuttgart 1983, S. 24.
2 Ebd.
3 A.a.O., S. 26.
4 A.a.O., S. 22.
5 A.a.O., S. 5.
6 A.a.O., S. 26 f.
7 A.a.O., S. 27.
8 Nietzsche, *Die Geburt der Tragödie*.
9 Marinetti, a.a.O., S. 159.
10 A.a.O., S. 30.
11 A.a.O., S.171.
12 A.a.O., S. 169 f.
13 A.a.O., S. 190.
14 A.a.O., S. 171.
15 A.a.O., S. 179.
16 A.a.O., S. 173.
17 A.a.O., S. 174.f.
18 A.a.O., S. 204.
19 A.a.O., S. 188 f.
20 A.a.O., S. 127 f.
21 A.a.O., S. 129.

Anmerkungen zu Kapitel 8

1 Simone de Beauvoir, *La Cérémonie des adieux*, Gallimard, Paris 1981, S. 422 (dt.: *Die Zeremonie des Abschieds*, übers. v. Uli Aumüller und Eva Moldenhauer, Reinbek 1983, S. 427).
2 Ebd., S. 422 f. (S. 428).
3 Siehe die Analyse von Suzanne Lilar, *A propos de Sartre et de l'amour*, Grasset.
4 Sartre, *Les carnets de la drôle de guerre. Novembre 1939 - Mars 1940*, Gallimard, Paris 1983, S. 187 (dt.: *Tagebücher. November*

1939 - März 1940, übers. v. Eva Moldenhauer, Reinbek 1984, S. 221).

5 Ebd., S. 191 (S. 226).

6 Ders., *L'Etre et le Néant*, Gallimard, Paris 1943, S. 705 (dt.: *Das Sein und das Nichts*, übers. v. Justus Streller, Reinbek 1952. S. 768).

7 Ebd., S. 706 (S. 768).

8 Alice Schwarzer, *Simone de Beauvoir heute. Gespräche aus zehn Jahren*, Reinbek 1983, S. 113.

9 S. de Beauvoir, *La force de l'âge*, Gallimard, Paris 1960, S. 134 (dt.: *In den besten Jahren*, übers. v. Rolf Soellner, Reinbek 1969, S. 113).

10 Annie Cohen-Solal, *Sartre. 1905-1980*, Gallimard, Paris 1985, S. 199 (dt.: *Sartre. 1905-1980*, übers. v. Eva Groepler, Reinbek 1988, S. 235).

11 Sartre, *Carnets* ..., a.a.O., S. 155 (S. 182).

12 A. Cohen-Solal, a.a.O., S. 246.

13 Siehe in *L'Etre et le Néant* das zweite Kapitel des Dritten Teils: »Der Leib als Für-sich-Sein: die Faktizität«.

14 Ebd., S. 423 (S. 460).

15 Ebd., S. 425 (S. 461).

16 A. Cohen-Solal, a.a.O., S. 485 (S. 574).

17 S. de Beauvoir, *La Cérémonie des adieux*, a.a.O., S. 67 (S.64).

18 Sartre, *L'Etre et le Néant*, a.a.O., S. 721 f. (S. 784 f.). Siehe auch *Cahiers pour une morale*, Gallimard, Paris 1983, S. 330.

19 Ders., Antwort auf ein Interview von *Actuel*, Februar 1973, Nr. 28.

20 Ders., *L'Etre et le Néant*, a.a.O., S. 687 (S. 748 f.).

21 Ders., *L'Imaginaire*, Gallimard, Paris 1940, S. 303 (dt.: *Das Imaginäre*, übers. v. Hans Schöneberg, Reinbek 1971, S. 251).

22 S. de Beauvoir, *La Force de l'age*, a.a.O., S. 216 (S. 180).

23 Ebd., S. 217 (S. 180).

24 Sartre, *La nausée*, Gallimard, Bibliothèque de la Pléiade, Paris 1981, S. 72 (dt.: *Der Ekel*, übers. v. Uli Aumüller, Reinbek 1981, S. 95).

25 Ders., *Les mots*, Gallimard, Paris 1964, S. 129 f. (dt.: *Die Wörter*, übers. v. Hans Mayer, Reinbek 1968, S. 86).

26 Ders., *Les Séquestrés d'Altona (Die Eingeschlossenen von Altona)*, Zweiter Akt, 1. Szene.

---

27 Ders., *L'Etre et le Néant*, a.a.O., S. 707 (S. 770).
28 S. de Beauvoir, *La Cérémonie des adieux*, a.a.O., S. 421 (S. 770).
29 Ebd., S. 424 (S. 429).
30 Ebd., S. 514 (S. 522).
31 A. Cohen-Solal, a.a.O., S. 484 (S. 572).
32 S. de Beauvoir, *La Cérémonie des adieux*, a.a.O., S. 421 (S. 770)
33 Sartre, *L'Etre et le Néant*, a.a.O., S. 707 (S. 769).
34 S. de Beauvoir, *La Cérémonie des adieux*, S. 297 (S. 302).
35 Sartre, *La nausée*, a.a.O., S. 94 (124).
36 Ders., *L'Etre et le Néant*, a.a.O., S. 690 (S. 751).
37 Ebd., S. 695 (S. 737).
38 Ebd., S. 706 f. (S. 769)
39 Sartre, *Les mots*, a.a.O., S. 114 (S. 77).
40 Siehe *La nausée*, S. 117 f. (S. 155).
41 Ebd., S. 146 (S. 192).

Anmerkungen zum Schluß

1 Annick Le Guérer, »Les philosophes ont-ils un nez?«, *Autrement. (Odeurs)*.
2 Gilles Deleuze und Félix Guattari, *L'Anti-Oedipe* und *Mille Plateux*, Minuit.
3 Michel Serres, *Les Cinq Sens*, Grasset.
4 Jaches Lacarrière, *Les Gnostiques*, Gallimard, S. 43.
5 René Major, »La logique du nom propre et le transfert«, *Confrontation*, Nr. 15, Aubier-Montaigne; *Le discernement et De l'élection*, Aubier-Montaigne.
6 A. Hamon, S.J., *Sainte Marguerite-Marie*, Beauchesne, S. 90.
7 Ebd., S. 242. Vgl. Colette Yver, *Marguerite-Marie, messagère du Christ*, Spes.
8 Ebd., 89.
9 Ebd., S. 20.
10 D.A.F. de Sade, *Histoire de Juliette*, Oeuvres complètes, Bd. VIII, Pauvert, Bd. VIII, S. 405.
11 Noëlle Chatelet; »Le libertin à table«, Kolloquium von Cerisy, *Sade, écrire la crise*, Belfond, S. 78.
12 D.A.F. de Sade, *Oeuvres completes*, Bd. IV, S. 198.

---

13 Ders., *Histoire de Juliette*, a.a.O., S. 260 f.

14 Noëlle Chatelet, a.a.O., S. 81.

15 D.A.F. de Sade, *Justine ou les Malheurs de la vertu*, Oeuvres complètes, Bd. II, S. 214-217.

16 Zitiert von Béatrice Fink, »Lecture alimentaire de l'utopie sadienne«, Protokolle des Sade-Kolloquiums, a.a.O., S. 185.

17 Siehe jeweils Simone de Beauvoir, *Tout compte fait*, Gallimard, S. 349; *La Cérémonie des adieaux*, Gallimard, S. 25; *La force de l'âge*, Gallimard, Bd. II, S. 378.

Literatur

Neben den in den Anmerkungen angeführten Werken wurden herangezogen:

Pierre Bourdieu, *La distinction. Critique sociale du jugement*, Minuit (dt.: *Die feinen Unterschiede, übers. v. Bernd Schwibs und Achim Russer, Frankfurt 1982*).

Brillat-Savarin, *Physiologie du goût*, Juillard. Mit einem Vorwort von Jean-François Revel, S. 5-14. Siehe auch das Vorwort von Roland Barthes sowie seine Texte über die Küche in *Mythologies*, Seuil.

Pascal Bruckner, *Fourier*, Seuil.

Jean Goret, *La Pensée de Fourier*, P. U. F.

Grimod de la Reynière, *Ecrits gastronomiques. Almanach des gourmands* (1803) und *Manuel des amphitryons* (1808). Siehe das Vorwort von Jean-Claude Bonnet und seine kritischen Anmerkungen. Vom selben Autor: *Avantages de la bonne chère sur les femmes*, Plasma.

Pontus Hulten, *Futurisme et futurismes*, Le Chemin vert.

Sondernummer der Zeitschrift *Histoire: la cuisine et la table. Cinq mille ans de gastronomie*, Nr. 85. Bibliographien am Ende jedes Artikels. 29 Beiträge, unter anderem von Jacques Le Goff, Pascal Ory, Jean-Louis Flandrin.

Maguelonne Toussaint-Samat, *Histoire naturelle et morale de la nourriture*, Bordas, 590 S. Vgl. die Bibliographie, S. 573-576.

Jean-Louis Vaudoyer, *Eloge de la gourmandise*, Hachette.

Barbara Ketcham Wheaton, *L'Office et la bouche. Histoire des moeurs de la table en France. 1300-1789*, Calmann-Lévy, 380 S. Vgl. die erschöpfende Bibliographie S. 353-370, über 300 Titel.

Aus unserem Programm:

Paul Veyne

Brot und Spiele

Gesellschaftliche Macht und politische Herrschaft in der Antike

Aus dem Französischen von Klaus Laermann
Reihe: »Theorie und Gesellschaft« Band 11
1988. 698 Seiten, Leinen, ISBN 3-593-33964-1

Das Buch von Paul Veyne stellt die besonderen Beziehungen zwischen Herrschenden und Beherrschten dar, die in Griechenland, in Rom und in der hellenistischen Gesellschaft als Mäzenatentum, Großzügigkeit, Freigebigkeit und »Euergetismus« bezeichnet wurden. Veyne zeichnet ein detailreiches Bild der politischen und gesellschaftlichen Institutionen der Antike und erkennt mit sicherem soziologischen Blick, wie sich hinter den oft merkwürdigen Beziehungen zwischen Reichen und Armen, Honoratioren und Plebejern, Senatoren und Freigelassenen ein besonderer politischer Herrschaftsstil verbirgt. Ihn will er gerade nicht als Entpolitisierungsversuch verstanden wissen. Denn der Circus bot nicht nur Gelegenheit zu obszönen und grausamen Spielen, sondern er war die Bühne, auf der die Kaiser, die Senatoren und die Plebs einen Kampf um Prestige und gesellschaftliche Anerkennung ausfochten. Und das Volk verstand es zu jener Zeit durchaus, den Reichen abzupressen, was diese dann zu schenken vorgaben. Die Mächtigen mußten häufig zu dem Glück erst gezwungen werden, das sie als Mäzene zur Schau zu stellen hatten.

»Veynes Zeichnung der Geschichte tendiert zur Vielfalt, zur Buntheit, zur Individualität der Interessen und Motive, zur Inkonsequenz menschlichen Handelns, zum Zufall. Kurz, es ist ein aufregendes Buch.«

Christian Meier in der Süddeutschen Zeitung

Campus Verlag · Frankfurt am Main

Felix Ekardt
Kurzschluss